Deutsch als Fremdsprache für Jugendliche

Kursbuch B1
Zertifikatsniveau

von
Hermann Funk
Michael Koenig
Ute Koithan

in Zusammenarbeit mit
Susy Keller

Von Hermann Funk, Michael Koenig und Ute Koithan

in Zusammenarbeit mit
Susy Keller

Redaktion: Lutz Rohrmann
Layout: Andrea Pfeifer
Illustration: Martin Guhl und Theo Scherling
Umschlaggestaltung: Andrea Pfeifer unter Verwendung eines Fotos von Vanessa Daly

Das Autorenteam und der Verlag danken Hannelore Pistorius, Maruska Mariotta und allen Kolleginnen und Kollegen, die geni@l erprobt, begutachtet sowie mit Kritik und Anregungen zur Entwicklung des Lehrwerks beigetragen haben.

geni@l

Deutsch als Fremdsprache für Jugendliche

B1: Materialien

Kursbuch B1	47530
CD zum Kursbuch B1	47534
Arbeitsbuch B1	47531
CD zum Arbeitsbuch B1	47536
Lehrerhandbuch B1	47532
Testheft B1 mit CD	47538
Intensivtrainer B1	47539

Die Glossare zu geni@l sind im Internet unter www.langenscheidt.de/geni@l abrufbar.

Symbole in geni@l B1:

 Zu dieser Aufgabe gibt es eine Tonaufnahme.

Hier soll ins Heft geschrieben werden.

 Diese Aufgabe beschäftigt sich besonders mit der sprachlichen Form.

 Hier gibt es im Lehrerhandbuch Hinweise für „Internetprojekte".

Projektarbeit

Besuchen Sie auch unsere Homepage **www.langenscheidt.de/geni@l**

Umwelthinweis: gedruckt auf chlorfrei gebleichtem Papier

Druck: Firmengruppe APPL, aprinta druck, Wemding
Printed in Germany

ISBN 978-3-468-47530-6

08041

geni@l
Zertifikatsniveau

Das lernst du in geni@l B1

Sprachen

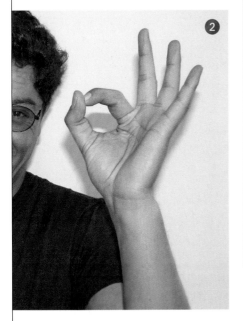

Sprachen wird durch Schrift noch schön.

1 Sprach-Bilder – Seht euch die Bilder an und sprecht darüber. Hört dann die Tonaufnahme.

2 Europanto

a Hört und lest die folgende Aussage von Diego Mariani. Was versteht ihr?

> Europanto, de only lingua dat man can speake zonder estudy!
> Om Europanto te speakare, tu basta mixare alles wat tu know
> in extranges linguas. Wat tu know nicht, keine worry, tu invente.
> (Diego Mariani)

b Lest den Text und beantwortet die Fragen.

Was ist Europanto?   Eigenschaften von Europanto?
Wo spricht man es?   Was ist positiv? Wo könnte es Probleme geben?

Die Verwaltung der Europäischen Union (EU) bringt viele Beamte unterschiedlicher Sprachen und Nationalitäten zusammen. Jedes Dokument wird in die 20 Amtssprachen der EU
5 übersetzt. Bei kurzen privaten Gesprächen, z.B. beim Essen, ist jedoch eine einfache Sprache entstanden, die viele Sprachen der EU mischt: *Europanto, esse very facile und mucho fun!* Kunstsprachen wie Esperanto müssen erlernt
10 werden und sind in der Praxis schwer zu verwenden. Europanto dagegen ist spontan, lokal und hat keine Regeln. Jeder spricht Europanto mit seinen eigenen internationalen Sprachkenntnissen. Alles ist erlaubt, was die Kommu-
15 nikation möglich macht. Wie der Name schon sagt, ist diese Sprache eher für Europäer gedacht und verwendet die viel gesprochenen Sprachen wie Englisch, Französisch, Spanisch, Italienisch und Deutsch. Dabei werden die
20 Sprachen nicht gleichmäßig verwendet, sondern ihre Verwendung hängt immer vom individuellen Europanto-Wortschatz ab. In der Regel genügen einfach die Wörter und der Kontext für die Verständigung.

SEPLAN

EN FÜR BLINDE+SEHBEHINDERTE
NICHT BESCHÄDIGEN

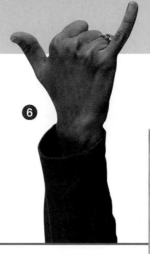

> SPEELDEEL
> 47 Jahre
> Niederdeutsche Bühne
> Mitglied im Niederdeutschen Bühnenbu
>
> # Een Froo mutt her !!!
> (Eine Frau muss her !!!)
> Lustspiel in 3 Akten von Eva Hatzelmann
>
> Darsteller:
> Dieter Wagner
> Klaud Remmer
> Yves Mattern
> Astrid Mattern
> Esther Lorenzen
> Regina Makows

c Ein Witz auf Europanto
Lest den Text und überlegt:

1. Wie heißt der Witz auf Deutsch und wie in eurer Sprache?
2. Was hat euch beim Verstehen geholfen?
3. Wie viele Sprachen findet ihr?
4. Was ist aus welcher Sprache?

Toto et sa little sorella
Die Mutter of Toto lui demande to go shopping y lui donne una liste de things zu kaufen.
Seine mamma le dice auch: „Nimm tua little sorella mit!"
Toto geht in das magasin, kauft todas things, aber quando er herauskommt, seine little sorella falls dans un Loch y disappears.
Quando Toto arrive at home, seine Mutti le dice: „Wo ist ta little sorella?"
Toto answers: „Elle est dans un Loch gefallen."
„Aber por qué du hast her nicht helped to sortir?", dice la mother.
„Porque it was not aufgeschrieben sur la liste!", answers Toto.

3 Nachdenken über Sprache – Was ist im Deutschen anders als bei anderen Sprachen? Vergleicht die beiden Sätze.

Die Mutter	of	Toto	lui	demande	to go	shopping.
Die Mutter	von	Toto	bittet	ihn,	einkaufen	zu gehen.

4 Eine fremde Sprache entdecken

> Etxartea ez da txikia.

> Was heißt denn das?

a Vergleicht die folgenden Sätze der fremden Sprache mit den Übersetzungen.

1. Etxartea haundia da.   Der Hof ist groß.
2. Kalea haundia da.   Die Straße ist groß.
3. Etxartea ez da haundia.   Der Hof ist nicht groß.
4. Kalea txikia da.   Die Straße ist klein.

b Wie ist die Übersetzung für:

„Etxartea ez da txikia"?

c Was habt ihr über diese Sprache gelernt? Wie heißt sie?

5 Sprachen: Ähnlich und doch immer wieder anders – Beispiel: Wortstellung

In vielen europäischen Sprachen steht das Subjekt im Hauptsatz am Anfang des Satzes, dann kommt das Verb und danach das Objekt / die Ergänzung. Das ist die so genannte SVO-Stellung: Ich (Subjekt) liebe (Verb) dich (Objekt/Ergänzung). Aber das ist nicht in allen Sprachen so.

a Lest die Tabelle und vergleicht.

Wortstellungstyp		Beispielsprachen
SVO	Kühe fressen Gras	Deutsch, Englisch, Französisch, Chinesisch, Suaheli
SOV	Kühe Gras fressen	Hindi, Türkisch, Japanisch, Koreanisch
VSO	fressen Kühe Gras	klassisches Arabisch, Walisisch, Samoanisch
VOS	fressen Gras Kühe	Nur wenige Sprachen in der Südsee, im Kaukasus und in Mittel- und Südamerika (unter 0,1%). Aber es ist interessant, dass sich diese Varianten entwickelt haben.
OSV	Gras Kühe fressen	
OVS	Gras fressen Kühe	

b Welche Sprachen sprechen die Schüler in eurer Klasse?
Was ist in den Sprachen wie im Deutschen und was ist anders?
Bildet einfache Sätze und vergleicht.

6 Warum Deutsch lernen?
a Sammelt in der Klasse Gründe. Hier sind einige Themen. Was könnt ihr dazu sagen?

2. Erfolgserlebnisse   4. Vorteile im Tourismus

1. Kultursprache Deutsch   5. Chancen auf dem Arbeitsmarkt

3. Wichtige Sprache in Europa

b Lest den Text Abschnitt für Abschnitt und ordnet die Themen 1–5 aus 6a zu. Welche Gründe findet ihr am wichtigsten?

★ ★ ★ ★ ★ ★ ★ 5 Gründe für Deutsch ★ ★ ★ ★ ★ ★ ★

a Wer Deutsch spricht, kann problemlos mit 100 Millionen Europäern in ihrer Muttersprache kommunizieren, denn Deutsch wird nicht nur in Deutschland, sondern auch in Österreich, in weiten
5 Teilen der Schweiz, in Liechtenstein, Luxemburg sowie Teilen Norditaliens, Ostbelgiens und Ostfrankreichs gesprochen. Neben Russisch ist Deutsch die am meisten gesprochene Muttersprache in Europa und gehört zu den zehn am häufigsten gesprochenen Spra-
10 chen der Welt.

b Besucher aus Deutschland, Österreich und der Schweiz sind in vielen Ländern die größte und wichtigste Touristengruppe. Deutschkenntnisse sind daher für viele Menschen, die im Tourismus arbeiten,
15 von großem Vorteil.

c Deutsche Sprachkenntnisse sind nützlich, wenn man eine Arbeit sucht. Viele deutsche Firmen im Ausland, viele ausländische Firmen in Deutschland, der Schweiz oder Österreich und Firmen mit engen
20 Wirtschaftsbeziehungen zu den deutschsprachigen Ländern suchen Mitarbeiter mit Fremdsprachenqualifikation.

d Millionen Touristen aus aller Welt besuchen jedes Jahr Deutschland, das „im Herzen" Europas liegt,
25 oder auch die Schweiz und Österreich. Wer Deutsch spricht und versteht, lernt diese Kulturen und ihre Geschichte besser kennen und verstehen.

e Deutsch lernen und sprechen ist nicht schwerer als Englisch, Französisch oder Spanisch. Durch mo-
30 derne Lernmethoden kann man schon in kurzer Zeit

c Welche anderen Gründe fallen euch noch ein?

> Ich muss Deutsch in der Schule lernen!

d Fünf Gründe, warum man eure Sprache lernen soll. Sammelt in Gruppen.

7 Zusammen Deutsch lernen – Klassenatmosphäre

Das Wichtigste in einer Schulklasse ist die gute Atmosphäre, die gute Stimmung. Dazu müssen sich die Schüler und Schülerinnen gut kennen. Nicht nur die Namen sind wichtig, sondern auch die Interessen, Probleme usw.

a Partnerinterviews – Hört und lest, wie Nora ihre Nachbarin Monika vorstellt.

Also: Sie heißt Monika, ist 15 Jahre alt und wohnt in Kassel. Sie hat viele Hobbys: Sie spielt zum Beispiel Klavier, sie schwimmt gerne, am liebsten im Meer, und sie kocht gerne italienisch, meistens vegetarisch.
5 Ihre Lieblingsmusik ist Klassik (Haydn, Mozart und Beethoven). Sie hat noch keinen festen Freund, aber viele gute Freundinnen. Sie treffen sich immer am Wochenende. Ihr Lieblingsfach ist Kunst und sie möchte später einmal Grafikerin in einer Werbe-
10 agentur werden.

b Auf welche Fragen hat Monika geantwortet? Formuliert die Fragen.

Was machst du …?   Treibst du …?   Welche Hobbys …?   Spielst du …?   …

c Macht nun selbst Interviews und stellt euch gegenseitig vor.

8 Fremdsprachen – Ja, aber wozu?

a Lest die Aussagen von Marco, Arthur und Jaqueline.
Wie gehen die Texte weiter?
Bildet Hypothesen und hört dann zu. Macht Notizen und erzählt weiter.

Marco

Arthur

Jaqueline

Ich arbeite am Wochenende manchmal auf einem Markt in Ponte Tresa in Italien. Da gibt es immer viele deutsche Touristen. Ich habe gehört, wie ein deutsches Ehepaar etwas kaufen wollte und …

Ich lerne seit zwei Jahren Deutsch. Bis jetzt habe ich es nur im Unterricht gebraucht. Aber in zwei Monaten fahren wir mit der Deutschlehrerin nach Köln. Ich habe jetzt schon viel über Deutschland und Köln gelesen, meistens …

Also, ich habe jetzt schon einige Filme auf Deutsch im Fernsehen gesehen. Ich bin immer erstaunt, wie die …

b Könnt ihr ähnliche Erlebnisse erzählen?

c Deutsch im Unterricht und dann …

Am meisten brauchst du Deutsch im Unterricht. Aber es gibt auch viele Möglichkeiten draußen, „im richtigen Leben", Deutsch zu üben. Wie ist das bei euch? Macht eine Umfrage in der Klasse und berichtet. Wer mit „Ja" antworten kann, unterschreibt mit seinem Namen.

Finde jemand, der auf diese Fragen mit „Ja" antwortet.

1. Siehst du manchmal deutsche Fernsehsendungen?
2. Surfst du manchmal im Internet „auf Deutsch"?
3. Liest du manchmal eine deutsche Zeitung oder Zeitschrift?
4. Hast du eine deutsche Brieffreundin / einen deutschen Brieffreund?

9 Dialoge sprechen – Ein Aussprachewettbewerb

**Lest die Texte und übt die Aussprache und die Intonation zu zweit.
Einige Akzente sind schon markiert. Vergleicht mit der Aufnahme.
Wer kann die Texte am besten lesen? Lest einen Abschnitt zu zweit vor.**

A

● Was gibt's denn zu <u>e</u>ssen?
○ Kar<u>to</u>ffelsalat.
● Was, schon <u>wie</u>der?
○ Schon <u>wie</u>der? Wie<u>so</u>?
● Es gab doch erst <u>ge</u>stern Kartoffelsalat.
○ Ja, aber <u>heu</u>te gibt's <u>an</u>deren.
● <u>An</u>deren? Was heißt <u>an</u>deren?
○ Ich meine: nicht von den<u>sel</u>ben Kar<u>to</u>ffeln.
● Wie<u>so</u>? Hast du <u>neu</u>e gekauft?
○ Nein. Ich habe doch erst gestern fünf Kilo gekauft.
● Wieso sind's dann nicht dieselben Kartoffeln?
○ Weil es andere sind.
● Hör mal, hast du Kartoffelsalat gemacht, ja oder nein?
○ Ja.
● Und hast du den Kartoffelsalat von Kartoffeln gemacht, ja oder nein?
○ Natürlich, sonst wär's ja kein Kartoffelsalat.
● Eben! Und hast du die Kartoffeln für den Kartoffelsalat von den Kartoffeln genommen, die du gestern gekauft hast, ja oder nein?
○ Ja.
● Folglich ist es derselbe Kartoffelsalat wie gestern.
○ Unmöglich.
● Wieso unmöglich?
○ Den Kartoffelsalat von gestern haben wir aufgegessen.
● Na und?
○ Folglich kann dies nicht derselbe Kartoffelsalat sein.
● Mein Gott ...

B

● <u>Liebst</u> du mich?
○ Ja.
● <u>Wirk</u>lich?
○ <u>Ja</u> doch!
● Klingt aber <u>nicht</u> sehr <u>lie</u>bevoll!
○ Aber wenn ich es dir doch <u>sa</u>ge!
● Ich <u>se</u>he schon, du <u>liebst</u> mich nicht.
○ Aber wa<u>rum</u> denn ...
● Sonst wärst du jetzt nicht so aggres<u>siv</u>!
○ Ich bin nicht aggressiv!
● Doch, du bist aggressiv.
○ Meinetwegen, ich bin aggressiv.
● Du gibst es also zu.
○ Ja, ich gebe es zu.
● Ich sehe schon, du liebst mich nicht.
○ Aber warum denn ...
● Sonst wärst du jetzt nicht so gleichgültig.
○ Ich bin nicht gleichgültig.
● Doch, du bist gleichgültig.
○ Meinetwegen, ich bin gleichgültig.
● Du gibst es also zu.
○ Ja, ich gebe es zu.
● Ich sehe schon, du liebst mich nicht.
○ Was willst du eigentlich hören?
● Das weißt du nicht?
○ Ich weiß überhaupt nichts mehr!
● Ich sehe schon, du liebst mich nicht.

10 Mit Sprache kreativ arbeiten

a **Ihr hört einen Dialog am Telefon, aber ihr hört nur eine Person.**
Was hat die Person am anderen Telefon gesagt?
Auf der CD findet ihr eine mögliche Lösung.

A: ...

A: ...

A: ...

A: ...

A: ...

B: Ja, ich bin's. Was ist los ...

B: Nein, das geht heute leider nicht. Kannst du nicht alleine gehen?

B: Warum hast du die Karten schon gekauft? Du hast mich nicht vorher gefragt!

B: Und warum fragst du immer mich? Hast du keine anderen Freunde?

B: Du bist auch blöd! Heul doch!

b **Definiert die Situation genau: Wer spricht mit wem, warum ...?**
Sind die Personen ruhig, verärgert, höflich ...?

c **Wenn ihr den Dialog lest, versucht, den richtigen Ton zu treffen.**

11 Sprache und Grammatiksprache

a **Lest die Grammatikbegriffe links und**
ergänzt die Beispiele rechts.

> *Sprich bitte lauter, Peter, ich ...*

Imperativsätze	... bitte lauter, Peter, ich kann nichts hören!
Nebensätze mit *dass*	Jennifer: „Ich komme aus Erfurt." Jennifer sagt, ...
Nebensätze mit *weil*	Ich kann heute nicht kommen, weil ...
Personalpronomen: Akkusativ	● Hast du Peter gesehen? ○ Nein, ich habe ... nicht gesehen.
Reflexivpronomen	Tobias freut ... über seine Geburtstagsgeschenke.
Personalpronomen: Dativ	Kannst du ... helfen?
Adjektive: Komparativ	Ich esse gerne Pizza, aber Spaghetti esse ich ...
Adjektive: Superlativ	Am ... esse ich aber Hamburger!
Perfekt: Partizip unregelmäßige Verben	In den Ferien bin ich die ganze Zeit zu Hause ...
Präteritum: Modal-/Hilfsverben	Ich ... gestern nicht zur Party kommen, ich ... krank.
Possessivartikel: Dativ	Wie geht es d... Schwester? M... Schwester geht es prima!
Präpositionen mit Dativ	Nach ... Schule bin ich immer total k.o.
Adjektive vor dem Nomen	Wie findest du unseren neu... Deutschlehrer?
Verben mit Dativ	Gehört das Fahrrad ...? Nein, das gehört m... Bruder.
Relativsätze	Der Biolehrer, d... wir letztes Jahr hatten, war netter!
Indirekte Fragesätze	Weißt du, w... der Film anfängt?
Wechselpräpositionen	Gestern habe ich die CD auf d... Tisch gelegt und jetzt liegt sie auf d... Boden.

b **Wählt drei Grammatikbegriffe aus und schreibt für jeden Begriff noch einen Satz.**

c **Überlegt: Was müssen wir wiederholen? Wie können wir das machen?**

12 Wortschatz wiederholen – Wählt Aufgabe a oder b aus.

a Bildet Gruppen, wählt zwei Themen aus und löst die Aufgaben.
   Lest eure Ergebnisse vor.
b Sucht euch in Kleingruppen ein „Wortschatzthema" aus und bereitet
   eine Präsentation vor: Plakat, Mind Map, Kärtchen, Zeichnungen,
   ein Gedicht, einen Text …

Thema

Zimmer:

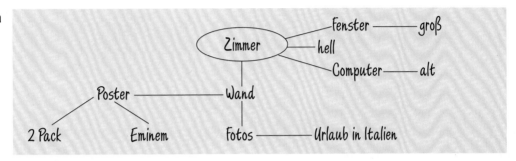

Zeit: Sekunde … Stunde … Woche … Jahr.

Familie: Vater + … – Bruder + … – Tante + … – Oma + …

Sport:

Körperteile:

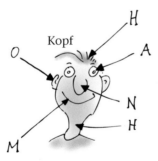

Berufe: Wer ist das?
            1. Sie arbeiten im Restaurant.   4. Wenn du krank bist, dann gehst du zu ihr.
            2. Er fährt Auto und verdient Geld.   5. Er produziert …
            3. Er arbeitet in der Schule.   6. Sie …

Länder: Woher kommen die Leute?

Schulfächer: aheatkMtmi – Pihsyk – iiloegBo – raeGioghpe – kanrmIfIot

Wohnung: Gegenstände nach Artikeln ordnen: Bett, Schrank, Stuhl, Tür, Sofa, Tisch, Fenster …

Zahlen: Heute haben wir den … – Meine Telefonnummer ist … – Der Februar hat … Tage. –
            In meiner Stadt leben etwa … Menschen. – Vor 30 Jahren hatten wir das Jahr … – …

Wetter: Es …   Es …   Es ist …

Feste: Nennt je drei typische Begriffe zu a) Weihnachten, b) Ostern, c) Geburtstag

Jugend forscht

1 Plakate des Wettbewerbs „Jugend forscht" – Welches gefällt euch besser? Was sagen die Plakate über das Thema?

> Im linken Plakat sieht man, dass …
> Das rechte Plakat gefällt mir besser. Es zeigt, dass …
> Meiner Ansicht nach ist das Plakat von 2002 interessanter, weil …

2 Einen Text erarbeiten

a Vor dem Lesen: Hypothesen

Was erwartet ihr in einem Text mit dem Titel „Jugend forscht"?

Was könnten Jugendliche eurer Meinung nach erforschen?

Gibt es Themen, die ihr selbst gern „erforschen" möchtet?

b Wählt eine der Aufgaben 1–3 und lest dann den Text.

1. Worüber informiert der Text? Schreibt die Stichwörter ins Heft und dahinter die Zeile, in der ihr die Antworten gefunden habt.

Gründer des Wettbewerbs – Ziel – die Teilnehmer/innen – Fachgebiete – „jüngere Forscher" – Preise

2. Fragen zum Text stellen: Ergänzt die Fragen mit den Informationen aus dem Text.
   Lest die Fragen vor. Wer kann die Fragen beantworten?

Seit wann …? – Aus welchen Gebieten …? – Wer darf …? – Wie viele …? – Wie viel …?

3. Schreibt zu jeder Zahl einen Satz. Sucht die Informationen im Text.

21 – 1969 – 14 – 60.000 – 37 – 1980 – 1800 – 8000

Die Geburt einer Idee: „Jugend forscht"

Seit 1965 gibt es den Wettbewerb „Jugend forscht". Die Idee kam von Henri Nannen, damals der Herausgeber der Zeitschrift STERN. Mehrere große Firmen waren spon-
5 tan bereit, das Projekt finanziell zu fördern. Das Ziel des Projekts war, Interesse für die Naturwissenschaften zu wecken und naturwis-
10 senschaftlichen Nach-wuchs, also junge Wissenschaftler zu fin-den. 244 junge Leute im Alter von 16 bis
15 21 Jahren, darunter 20 Mädchen, waren beim ersten Wettbe-werb dabei mit Arbei-ten zu selbst gewählten
20 Themen der Fach-gebiete Biologie, Chemie, Mathematik und Physik. Um den ganz jungen Forschern
25 eine Teilnahme zu ermöglichen, erweiterte man 1969 den Wettbewerb durch die Sparte „Schüler experimentieren", in der Schülerinnen und Schüler unter 16 Jahren arbeiten
30 konnten. Im Laufe der Zeit erhöhte sich

auch die Zahl der Fachgebiete; Technik sowie Geo- und Raumwissenschaften kamen hinzu, Mathematik wurde durch Informatik ergänzt. 1975 führte man
35 das Thema „Arbeitswelt" ein; seit 1980 gibt es einen Sonder-preis für Arbeiten aus dem Bereich Umwelt.
40 Heute ist „Jugend forscht" der größte Wettbewerb für den naturwissenschaftli-chen Nachwuchs in
45 ganz Europa. 60.000 Jugendliche haben mittlerweile teilgenom-men. 2003 lag die Teil-nehmerzahl bereits bei
50 über 8000 Jugendli-chen zwischen 14 und 21 Jahren, 37 Prozent der Teilnehmer waren Mädchen. Es lohnt sich
55 übrigens auch finan-ziell, bei dem Wettbewerb mitzumachen: Jeder Gewinner des Wettbewerbs erhält zwischen 75 Euro und 1800 Euro und es gibt viele Sonderpreise, z. B. Studienreisen
60 ins Ausland.

3 Informationen recherchieren

Gibt es in eurem Land einen ähnlichen Wettbewerb? Macht eure Schule mit?
Gibt es andere Wettbewerbe für Jugendliche?

4 Jugendliche Forscher berichten
a **Hört die Interviews und macht Notizen.**
b **Habt ihr auch schon einmal etwas erforscht? Berichtet über eure Experimente.**

5 Genitiv
a **Wie heißen die Artikel dieser Nomen?**

Idee – Zeitschrift – Projekt – Zeit – Fachgebiet – Wettbewerb – Teilnehmer

b **Findet die Nomen im Text auf Seite 15. Wie verändern sich die Artikel und die Nomen?**

Die Geburt einer Idee – der Herausgeber der Zeitschrift

c **Genitivendungen – Ergänzt die Sätze.**

1. Am **Ende** ein**es Satzes** steht meistens ein ...
2. Der **Anfang** ein**er Erfindung** ist oft eine gute ...
3. Der wichtigste **Teil** ein**es Autos** ist ...
4. Die **Hälfte** mein**er Freunde** sind ...
5. **Peters Vater** ist ein ...
6. **90 Prozent** d**er Deutschen** haben eine ...

d **Achtet in 5c auf die fett gedruckten Wörter und die unterstrichenen Endungen.**
Was wisst ihr jetzt über die Bildung des Genitivs?
e **Lest die Aussagen 1–6 vor und ergänzt die Genitivformen.**

1. Heute feiert man den Tag d... Erde. 2. Herr Schmidt ist der Lieblingslehrer d... 9a. 3. Deutschland... Autos sind sehr beliebt. 4. Erika... Deutschtest war der beste. 5. Der Baum d... Jahres ist der Tannenbaum. 6. Der Titel mein... Buch... ist „Fünf vor Zwölf".

6 Die Fremdsprachen Europas
a **Die Frage war:**
„Welche anderen Sprachen sprechen Sie neben Ihrer Muttersprache?"
Lest die Statistik.

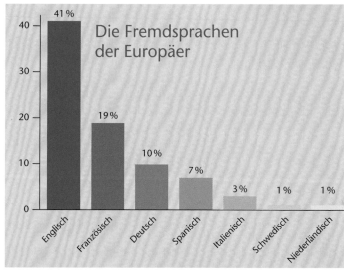

Die Fremdsprachen der Europäer

b Über eine Statistik sprechen – Wie versteht ihr die Statistik?

2 %	Nur wenige …
49 %	Fast die Hälfte …
55 %	Über die Hälfte …
75 % (³/₄)	Drei Viertel …
20 % (¹/₅)	Ein Fünftel …

> 41 Prozent der Europäer sprechen Englisch. Das ist die Sprache, die am meisten gelernt wird.

> Ich bin überrascht: Nur 7 Prozent aller Europäer …

> Italienisch ist eine schöne Sprache, aber nur drei Prozent der Europäer sprechen sie als Fremdsprache.

7 Ein Forschungsprojekt

a Lest den Text. Findet ihr die Untersuchung interessant? Begründet eure Meinung.

Viel Lärm um die Ohren – Alltagslärmbelästigung von Schülern

Wenn Schüler nicht hören können, so heißt das nicht immer, dass sie nicht hören wollen – viel Lärm in der Schule und in der Disco ist für manche Ohren einfach zu viel. Maria Bühn und Ramona Radeke haben die Lärmeinwirkungen untersucht, die Jugendliche im Alltag ertragen müssen. Sie befragten 100 Schü-
5 lerinnen und Schüler zwischen 10 und 18 Jahren und ermittelten mit Hilfe von Messungen im Schul- und Freizeitbereich die Gesamtbelastung von Lärm-
einwirkungen. So reicht der Lärmpegel im Sportunterricht sehr nahe an die gemessene Lautstärke in Discotheken heran. Die beiden Forscherinnen konnten deutlich belegen, dass zwischen Schule und Freizeit in der Gesamt-
10 lärmbelastung von 18-Jährigen kein großer Unterschied besteht. Um zu vermeiden, dass Jugendliche einen Gehörschaden bekommen, empfehlen sie, Discotheken weniger zu besuchen. Nicht in die Schule gehen ist dagegen keine Lösung.

b Thema „Lärm" – Sammelt Stichwörter an der Tafel.

c Lärm im Alltag – Welche Geräusche hört ihr?

d Hitliste: Was stört am meisten? – Lest und sammelt weitere Aussagen in der Klasse.

– Es stört mich, wenn meine Schwester zu laut Musik hört.
– Mich stört, wenn auf der Straße vor unserem Haus etwas gebaut wird.
– Es macht mich aggressiv, wenn der Wecker am Morgen klingelt.
– Mich nervt das Handyklingeln, wenn man im Theater oder im Kino sitzt.
– Am meisten nervt mich das Geräusch einer Bohrmaschine.
– Ich kann das Kratzen und das Quietschen von Kreide an der Tafel nicht ausstehen.
– Schmatzen beim Essen finde ich furchtbar.
– Mein Vater macht sich morgens immer eine Bananenmilch. Der Mixer macht einen furchtbaren Krach.
– Das Baby unserer Nachbarn schreit die ganze Nacht. Da wird man verrückt.

> Mich stört, wenn …

> Mich nervt, …

8 Kein Taschengeld? Kein Problem!

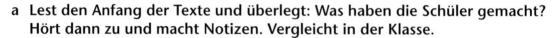

business@school

Gute Ideen gibt es nicht nur bei „Jugend forscht". Auch im Alltag und in der Schule kann man etwas tun, um das Leben leichter zu machen oder um etwas Geld zu verdienen. Hier einige Beispiele aus dem Projekt *business@school*.

a Lest den Anfang der Texte und überlegt: Was haben die Schüler gemacht? Hört dann zu und macht Notizen. Vergleicht in der Klasse.

 Schüler entwickeln tolle Ideen
Dass die Wände in den Toiletten von Restaurants so „nackt" sind, gefällt den Schülern vom Schelztor-Gymnasium in Esslingen gar nicht. Die Schülerinnen und Schüler der 12. Klasse haben auch schon eine Idee gefunden, um das zu ändern …

 Schulkiosk für das Pausenessen
Auf der Suche nach einer Geschäftsidee fiel den Oberstufenschülern des Helmholtz-Gymnasiums schnell das Problem der Versorgung der Schüler mit Essen und Trinken in der Pause auf. „Alle sind immer in die Stadt gelaufen und haben sich irgendetwas Süßes gekauft." Wir brauchten dringend …

 Keine Zeit? Kein Problem!
Das Team vom Friedrich-Gauß-Gymnasium in Hockenheim will den „Housesitter" etablieren. Wer im Urlaub ist, kann für 17,50 Euro am Tag jemanden anrufen, der …

b Gibt es an eurer Schule oder in eurer Stadt auch Projekte von Jugendlichen, die etwas verbessern wollen? Welche Ideen habt ihr?

 9 Sätze mit *um … zu* und *weil*

a Was passt zusammen? Ordnet die Satzteile zu.

1. Das Projekt „Jugend forscht" wurde gegründet,
2. Die Schüler gründeten einen Schulkiosk,
3. Jugendliche sollen nicht so oft in Discos gehen,
4. In Hockenheim hatten Schüler eine Idee,
5. Maria und Ramona haben experimentiert,
6. Viele Jugendliche machen Projekte,

a) weil sie gesundes Essen anbieten wollten.
b) um den Lärm an den Schulen zu untersuchen.
c) um Leuten, die in Urlaub fahren, zu helfen.
d) um junge Forscher zu fördern.
e) weil sie sonst Hörprobleme bekommen.
f) um ihren Alltag zu verbessern.

b Wie funktioniert *um … zu*?

Wo steht das Verb?
Was passiert mit dem Subjekt?

Was ist mit trennbaren Verben?
Wozu wird *um … zu* gebraucht?

10 Ziel, Zweck, Sinn

a Wozu tun die Leute das? Ergänzt die Sätze.

1. Viele Menschen lernen Fremdsprachen, um …
2. Manche Leute fahren im Sommer ans Meer, um …
3. Viele Jugendliche arbeiten in den Ferien, um …
4. Die Lehrer schreiben oft Tests, um …
5. Ich brauche meinen Computer, um …
6. Viele … / Manche … / Einige …

b Grund – Formuliert die Sätze 1–6 mit _weil_.

> Viele Menschen lernen Fremdsprachen, weil sie…

11 Einen Zeitschriftenbericht verstehen

**a Express-Strategie – Lest den Text bis Zeile 17 in 30 Sekunden.
Was habt ihr euch gemerkt? Worum geht es? Sammelt an der Tafel.**

Vokabeln in die Birne hauen

Kaugummi kauen, Musik hören, mit dem Bleistift spielen oder einfach nur still dasitzen … Jeder Schüler oder Student hat für sich seine eigene Methode entwickelt und getestet, wie
5 er am besten und gründlichsten lernt. Gibt es einen besonders cleveren Dreh? „Ja, am besten auch viel mit den Händen machen beim Lernen", das meint Anne Merks, Schülerin der Integrierten Gesamtschule in Kandel.
10 „Ungefähr 7000 Englischvokabeln werden von der fünften bis zur zehnten Klasse gepaukt", hat die 14-Jährige herausgefunden. Und hat für den Wettbewerb „Jugend forscht – Schüler experimentieren" ein Projekt gestar-
15 tet, in dem sie verschiedene Methoden zur Paukerei von Fremdsprachenvokabeln unter die Lupe genommen hat.

b Schnüffel-Strategie – Lest den Text auf S. 20 genau und ordnet die Begriffe zu:

gut für das Vokabellernen	schlecht für das Vokabellernen
	laute Musik

laute Musik – Kaugummi kauen – etwas mit den Händen tun – Lückentexte – Bilder – Assoziationen – Kärtchen …

7000 Vokabeln im Schülerleben!
Wie werden sie effektiv gelernt?

So lautete der Titel ihrer Arbeit, mit dem sie den ersten Preis in der Kategorie „Arbeitswelt" von „Jugend forscht – Schüler experimentieren" gewinnen konnte. Zudem erhielt die 14-Jährige für die visuelle Präsentation ihres Projektes den Sonderpreis „Schönster Stand".

Am besten lernt man ohne Musik oder mit ruhiger Entspannungsmusik. Das Tempo sollte ungefähr mit der Herzfrequenz übereinstimmen. Durch Rockmusik wird das Lernen eher gestört. Das haben Annes Experimente ergeben. Durch Kaugummikauen in einem Leistungstief wird dagegen die Konzentration gefördert und somit die Aufnahmefähigkeit für die neuen Vokabeln. Wenn man aber sowieso gut drauf und in geistiger Top-Form ist, schadet die Kiefergymnastik mit der klebrigen Masse eher, als dass sie nutzt. Auch

das sind Ergebnisse aus den Testlernphasen, die die Neuntklässlerin mit ihren 28 Schulkameraden durchgeführt hat.

Nicht nur mit dem Kopf aktiv sein, sondern gleichzeitig auch mit den Händen. Das empfiehlt Anne Merks allen, die Vokabeln auf effiziente Weise lernen müssen. „Malen beim Vokabellernen hilft", hat die Barbelrotherin durch ihre Arbeit herausgefunden.

Als gutes Training hat die Gesamtschülerin das Bearbeiten von Lückentexten ausgemacht. Auf diese Weise prägt sich der Lernende ganze Sätze im Sinnzusammenhang mit dem jeweils zu paukenden Einzelwort ein. Überhaupt bringen Assoziationen Lernerfolg, wie die Regionalwettbewerbssiegerin erforscht hat. „Man sollte Gedächtnishilfen nutzen, sich selbst Brücken bauen oder auch in Bildern denken", empfiehlt die Jungforscherin, die bereits drei Mal bei einem Regionalwettbewerb „Schüler experimentieren" ganz oben auf dem Treppchen stand. Einmal wurde sie sogar rheinland-pfälzische Landessiegerin und ein weiteres Mal Zweite.

Am 18. und 19. April tritt Anne in Bad Kreuznach zu ihrem dritten Landesentscheid an. Ein Bundesfinale gibt es für „Schüler experimentieren" nicht. Das bleibt den Älteren bei „Jugend forscht" vorbehalten.

Richtig gut für die tägliche Paukerei ist nach Annes Erfahrungen der Vokabelkasten. Das fremdsprachige Wort wird auf eine Karteikarte geschrieben und auf die Rückseite die deutsche Bedeutung. Dazu schreibt man vielleicht noch einen Beispielsatz.

„Wenn man sich die Karte anschaut und das Wort auf der Vorderseite sofort übersetzen kann, wird die Karte in ein anderes Kästchen gelegt", erläutert Anne Merks. Andernfalls bleibt das Kärtchen in der Ursprungsbox, die man dann bei späteren Versuchen so lange durchgeht, bis dann (hoffentlich) kein Kärtchen mehr übrig ist …

c Welche Eigenschaften von Anne nennt der Text? Sucht Beispiele.

die 14-Jährige ———— (ANNE) ———— die ...

d Zu welchen Ausdrücken im Text passen die Umschreibungen a–d? Ordnet die Zeilennummern zu.

1. Z. 33   a) herausgefunden
2. Z. 32–33   b) das Kaugummikauen
3. Z. 45   c) das Lernen
4. Z. 63   d) wenn man ausgeruht und konzentriert ist

12 Klassenumfrage

– Welche der Vorschläge von Anne findet ihr gut?
– Wie lernt ihr Vokabeln? Welche Techniken kennt ihr? Was ist am effektivsten?

13 Ein Interview verstehen
a Interview mit Anne – Was kann man sie fragen?

b Hört das Interview und macht euch Notizen zu den folgenden Punkten. Berichtet danach in der Klasse.

1. Die Idee zu der Arbeit
2. Spaß und Probleme bei der Arbeit
3. Klassenkameraden, Freunde und Eltern
4. Konsequenzen aus der Arbeit für die Klasse, die Schule
5. Die beste Methode für das Wortschatzlernen
6. Andere Hobbys von Anne
7. Berufswunsch
8. Politik

14 Passiv
a Vergleicht 1–4 mit dem Text über Anne. Wie werden die Sätze dort formuliert?

1. Z. 10–11   Die Schüler pauken von der fünften bis zur 10. Klasse ungefähr 7000 Englischvokabeln.
2. Überschrift   Wie lernt man sie effektiv?
3. Z. 27   Rockmusik stört das Lernen eher.
4. Z. 28–30   Kaugummikauen fördert die Konzentration.

b Eine Regel finden: Wie wird das Passiv im Deutschen gebildet?
c Könnt ihr noch mehr Passivformen im Text finden?

15 Beschreiben, wie etwas gemacht wird: der Vokabelkasten
a Lest den Text und achtet auf die unterstrichenen Satzteile.

Zuerst <u>wird</u> ein neues Wort auf die Vorderseite eines Kärtchens <u>geschrieben</u>. Auf die Rückseite kann man ein Bild zeichnen oder auch das Wort in der Muttersprache schreiben. So <u>werden</u> sehr viele Kärtchen <u>gemacht</u>. Wenn man nun die Wörter lernt, <u>werden</u> die Karten, die man schon kann, ganz hinten in den Kasten <u>gelegt</u>. Die anderen, die man noch nicht so gut kann, <u>werden</u> in das 1. Fach <u>gelegt</u>. Nach einer Woche muss man die Wörter wiederholen. Die Wörter, die man kann, kommen ein Fach weiter, die anderen bleiben im Fach Nr. 1. Auf diese Weise <u>werden</u> alle Wörter immer wieder <u>wiederholt</u>, bis alle Vokabeln im letzten Fach sind.

b Schreibt den Text jetzt „persönlich".

> Anne schreibt ein neues Wort auf die Vorderseite eines Kärtchens. Auf die Rückseite zeichnet sie ein Bild oder sie ...

16 Passiv kreativ – Was ist das? Lest die Aussagen vor. Die anderen raten.

Sie wird sauber gemacht. Sie wird vollgeschrieben. Sie wird in der Schule gebraucht.

Es wird geschickt. Es wird ausgepackt. Es wird weggeworfen.

Ich werde gekauft. Ich werde geschält. Ich werde gegessen.

Sie wird ausgepackt. Sie wird gespielt. Sie wird wieder eingepackt.

Wir werden angezogen. Wir werden ausgezogen. Wir werden (manchmal) geputzt.

Ich werde geöffnet. Ich werde geschlossen. Ich werde meistens im Frühjahr geputzt.

17 Früher und heute

Bildet zwei Gruppen. Ein Satz wird von einem Schüler aus Gruppe A vorgelesen. Dann liest jemand aus Gruppe B den „passenden" Satz. Dann wird ein Satz aus Gruppe B vorgelesen und jemand aus Gruppe A antwortet. Findet noch mehr Beispiele.

A
Früher wurden Briefe mit der Hand geschrieben.
Früher wurde in Familien viel gemeinsam gespielt.
Früher wurde oft aus Telefonzellen angerufen.
Früher hat man Wäsche mit der Hand gewaschen.
Früher wurde oft gewandert.
Früher ... Heute ...

B
Heute wird sie in die Waschmaschine gesteckt.
Heute sitzen alle vor dem Fernseher.
Heute hat fast jeder ein Handy.
Heute fahren die Leute mit dem Auto.
Heute werden sie mit dem Computer geschrieben.

Zusammenfassung

1 Ich kann jetzt …

… ein Plakat beschreiben.
… Informationen in einem Sachtext finden.
… über eigene Erlebnisse berichten.
… über eine Statistik sprechen.
… über Dinge sprechen, die mich stören.

… Notizen zu Hörtexten machen.
… Projektideen beschreiben.
… über Lerntechniken zum Wortschatzlernen sprechen.
… beschreiben, wie etwas gemacht wird.

2 Wortfeld: forschen

Nomen		Verben	
das Experiment	die Methode	forschen	experimentieren
das Projekt	das Interesse	untersuchen	messen
die Arbeit	die Lösung	fördern	herausfinden
die Idee	das Fachgebiet	sich interessieren für	
das Thema			

3 Grammatik

a Genitiv – Nomen verbinden

Das Ende des Satzes …   Das Ergebnis des Experiments …
Der Anfang der Arbeit …   90 % der Deutschen …

b *um … zu:* Ziel/Zweck – *weil:* Grund

um … zu	weil	Hauptsätze
Viele Schüler arbeiten in den Ferien, **um** Geld **zu** verdienen.	…, **weil sie** Geld verdienen wollen.	Viele Schüler arbeiten in den Ferien. Sie wollen Geld verdienen.
Ich habe keine Zeit, **um** ins Kino **zu** gehen.		Ich habe keine Zeit. Ich kann nicht ins Kino gehen.
Ich gehe zum Italiener, **um** eine Pizza **zu** essen.	…, **weil ich** eine Pizza essen möchte.	Ich gehe zum Italiener. Ich möchte eine Pizza essen.

c Passiv

persönlich (Aktiv)	unpersönlich (Passiv)
Vokabeln lernt ihr am besten mit Kärtchen.	Vokabeln werden am besten mit Kärtchen gelernt.
Wir schreiben den Test am Freitag.	Der Test wird am Freitag geschrieben.
Früher haben die Leute die Wäsche mit der Hand gewaschen.	Früher wurde die Wäsche mit der Hand gewaschen.

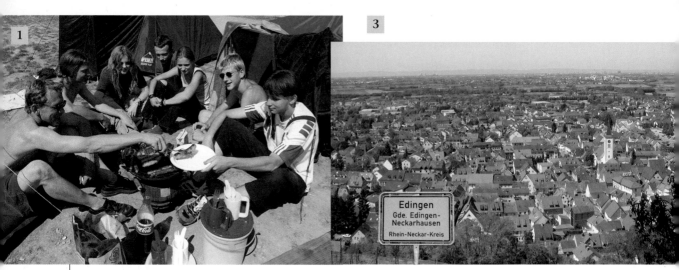

meine Ferien   mein Dorf

mein Verein

1 *Was ich am meisten liebe ...* – Wir haben Leute gefragt, was sie am meisten lieben. Hier sind Antworten aus den Interviews. Welcher Satz passt zu welchem Foto?

1. Ferien und mit Freunden zusammen sein, das ist das Beste am ganzen Jahr.
2. Ein guter Roman, das ist das Beste. „Momo" ist einfach wunderbar geschrieben.
3. Gefühlvolle Songs. Sie geben mir die Kraft zu glauben, dass ich jemanden finde, der mich liebt. Wenn ich traurig bin, höre ich sie am liebsten. Es gibt nichts Besseres, um mich zu entspannen.
4. Wir haben uns beim Schulfest kennen gelernt. Wir machen alles zusammen, ins Kino gehen, für die Schule arbeiten, einfach alles.
5. Der schönste Ort der Welt. Ich brauche keine Stadt.
6. Im Moment sind sie nicht so stark. Aber das ist egal. Wir freuen uns immer auf das nächste Spiel. Dann wird gefeiert.
7. Hier wohnen alle meine Freundinnen.

6

4

meine Freundin

GLASHAUS

5

meine Musik

meine Bücher

2 Interviews mit Felix, Yvonne und Daniela – Beschreibt, was sie am meisten lieben.

Er geht gerne ins Ferienlager, weil …

Sie lebt gerne auf dem Dorf. Der Grund: …

An „Glashaus" mag sie vor allem …

3 Meine Lieblinge …

a Schreibt je einen der Sätze auf einem Zettel zu Ende. Sammelt die Sätze ein, lest sie vor und ratet, wer welchen Satz geschrieben hat.

Mein absolutes Lieblingsbuch ist im Moment …
Die schönsten Ferien sind für mich, wenn …
Für mich ist die coolste Band zurzeit …, weil …

… (Zeitschrift) kaufe ich jede Woche, weil …
… sammle ich schon lange.
Mein Lieblingssport ist zurzeit …

b Bringt Gegenstände, Fotos oder Bücher mit und stellt eure „Lieblinge" vor.

4 Glashaus: In Liebe

a Hört das Lied und lest dann den Text.

IN LIEBE

ALLES WAS DU TUST

TU ES IN LIEBE

ALLES WAS DU SUCHST

5 FINDEST DU IN LIEBE

ALLES WAS DU BRAUCHST

IST IN LIEBE

SOLANGE DU VERTRAUST

ICH HALT DICH GERN WARM

10 DOCH ERDRÜCKE DICH NICHT

DU MUSST ES MIR SAGEN

WENN DU DORT GLÜCKLICH BIST

ICH WERD ES BEGREIFEN

ES IRGENDWIE SCHON VERSTEHN

15 ICH HAB KEINEN GRUND ZU ZWEIFELN

WENN DU MUSST BITTE GEH.

…

VERWIRF DEINE ANGST

SIE MACHT KEINEN SINN

20 DU WEISST DASS DU KANNST

WENN DU MUSST OHNEHIN

DU HAST KEINEN GRUND ZU LÜGEN

WAS DU BIST IST GENUG

ICH SAG DEIN HERZ WIRD GENÜGEN

25 DENN ALLES IST GUT

…

Biografisches: Cassandra Steen, mit 14 Jahren klassischer Gesangsunterricht, 1996/97 mit den „Fantastischen Vier" auf Tournee. Erste Solo-CD: *Wenn der Vorhang fällt* 2000: *Glashaus* treffen sich. 2002: Drei Echo Awards (Beste Gruppe / Beste natio- nale Single / Nationaler Nachwuchspreis der Deutschen Phono-Akademie) **Discografie** (Auswahl): *Ich bring dich durch die Nacht, Live in Berlin, Glashaus, Glashaus 2, Was immer es ist, Wenn das Liebe ist …* 2003: erste Solo-CD von Cassandra.

b In dem Liebeslied findest du Ratschläge. Ordne 1–3 und a–c zu.

1. Verwirf deine Angst, sie macht keinen Sinn
2. Du weißt, dass du kannst, wenn du musst, ohnehin
3. Du hast keinen Grund zu lügen, was du bist, ist genug.

a) Sei selbstbewusst, wenn du etwas wirklich tun musst, dann kannst du es auch.
b) Du kannst ruhig die Wahrheit sagen.
c) Angst zu haben bringt nichts.

5 Emotionen beschreiben

a Sammelt im Liedtext Wörter, die Gefühle beschreiben, und ordnet sie in ☺ und ☹.

b Wer spricht in dem Lied? Was kannst du über die Personen sagen?

c Welche Strophe/Zeile magst du am liebsten?

6 Eine Metapher verstehen

1. Was fällt euch zu dem Wort „Glashaus" spontan ein? Sammelt dann an der Tafel.
2. Ein deutsches Sprichwort heißt: Wer im Glashaus sitzt, soll nicht mit Steinen werfen. Was kann das bedeuten? Gebt Beispiele.
3. Kennt ihr ähnliche Sprichwörter aus eurer oder anderen Sprachen?

7 Glashaus-Chat

a Auf der Internetseite der Band findet ihr viele Meinungen.

Was kann man über die *Chatter* sagen?
Wie fühlen sie sich selbst? Warum finden sie die Band gut?

Egal	Ich mag Glashaus wegen der echt gefühlvollen Texte. Danke, dass es so jemand gibt, der so tolle Musik macht.
Ich	Ich bin im Moment in einem ziemlichen Tief in meinem Leben. Keiner liebt mich. Und da helfen mir die Texte von Glashaus.
Elena	„Spuren im Sand" find ich genial. Ich glaube an die Liebe.
Ayşe	Hey, ich wünsche euch allen einen schönen Valentine. Leider hat niemand an mich gedacht. Heul. Irgendjemand liebt auch mich – nur: Wo ist er???

b Ein Chat auf Papier – Jede/r schreibt einen Kommentar zu einer Gruppe oder einem Lied auf einen Zettel. Gebt die Zettel dann in der Klasse weiter.

8 Musik beschreiben

a Was ist *anspruchsvolle, kitschige, fetzige* Musik? Erklärt die Wörter mit Beispielen.

die Melodie, der Text, der Rhythmus, das Stück, der Song, die Stimme, die Sängerin, der Gitarrist …	traurig, melancholisch, gefühlvoll, witzig, anspruchsvoll, pessimistisch, einfach schön, kitschig, fetzig, cool, hat viel Power …

b Beschreibt Musik, die ihr gut findet, mit Wörtern und Ausdrücken aus 7 und 8.

Ich finde Musik gut, die …   Gute Musik ist/muss …   Mir ist Musik lieber, die …

9 Wortbildung: Adjektive auf -ig, -isch, -voll, -los

a Viele Adjektive haben diese Endungen: *traurig, melancholisch* Sammelt andere Beispiele.

b Diese Endungen haben eine Bedeutung: *-voll* bedeutet: *viel* – *los* bedeutet: *ohne*

das Gefühl: gefühlvoll – gefühllos   ⚠ der Nutzen: nutzlos – nützlich
der Humor: humorvoll – humorlos

10 Projekt: Eine Gruppe oder eine/n Sänger/in in der Klasse vorstellen

Biografie, Discografie, Musikstil …

11 Der Weg zum Herzen einer Frau

a Lest den Text. Was ist der Trick?

Weil er den Weg zur Gemeindebücherei kannte, wurde ein Junge zu meiner ersten großen Liebe. Und ich falle immer wieder darauf rein, jemanden, der gern liest, für etwas Besonderes zu hal-
5 ten. Damit wir uns richtig verstehen, ich meine nicht irgendwelche Jungen. Die nicht so tollen Jungen müssen ja lesen, weil sie nichts Besseres vorhaben. Ich meine diese ganz coolen Typen, die Snowboardfahrer, die Computerfreaks, die
10 Supersportler. Als ich neulich einen Jungen, den ich schon lange kannte, mit dem neuen Roman von Theo Sperling unter dem Arm sah, sah ich ihn in einem ganz neuen Licht. Nach zwei Wochen, in denen ich ihn weiter beobachtete,
15 war mir aber klar, dass der blöde Trampel nie etwas anderes gelesen hat als den Sportteil der Bildzeitung. Der Roman hat wahrscheinlich irgendeinem Freund gehört. Von meinen besten Freundinnen weiß ich aber inzwischen: Es stimmt einfach, Mädchen halten Jungs, die lesen, für intelligenter, sensibler, zärtlicher – einfach für toller. Mein Tipp für einen Jungen: Setz dich in eine Buchhandlung in die Leseecke. Dort sitzt immer irgendjemand, der interessant ist. Schau, was deine Traumfrau liest,
20 und hole das gleiche Buch aus dem Regal. Setze dich neben sie. Der Rest kommt von alleine.

b Textverstehen überprüfen – Zu welchen Zeilen passen diese Aussagen?

1. Mädchen finden Jungen, die gern lesen, interessanter als andere.
2. Wenn man das Gleiche liest, kommt man automatisch ins Gespräch.
3. Buchläden oder Bibliotheken sind gute Orte, um jemand kennen zu lernen.
4. Wer nichts liest außer der Sportseite einer Zeitung, ist meistens nicht sehr intelligent.

c Wie heißt das im Text?

1. etwas glauben, das nicht stimmt
2. seine Meinung über jemand ändern
3. ein Ort zum Lesen in der Buchhandlung

4. jemand, den man für sehr dumm hält
5. jemand, von dem man träumt

d Was sind gute Orte, um jemand kennen zu lernen?

12 Etwas genauer beschreiben – Adjektiv vor dem Nomen

a Sucht im Text die Adjektive nach den Präpositionen *zu, mit, von* und *in*.
b Die Endungen der Adjektive sind neu, aber einfach. Wie heißt die Regel?

13 Adjektivendungen üben – Das Inselspiel

> Womit fährst du auf eine einsame Insel?

> Mit einem spannenden Buch.

> Mit einem spannenden Buch und einer ...

ein spannendes Buch – eine modische Sonnenbrille – ein neues Radio – ein guter Freund – eine beste ...

14 **Ich liebe die Huskies! Dieser Verein ist etwas ganz Besonderes.**

a **Sammelt Informationen aus den Fotos über diesen Verein und seine Fans.
Was charakterisiert einen guten Fan?**

b **Lest den Text über das Interview.**

Dennis und Bea sind Husky-Fans. Die *Huskies*
sind ein Eishockeyverein. Nicht irgendein
Verein. Es ist *ihr* Verein. Dieser Verein wurde
Ende der 80er-Jahre in Kassel gegründet und ist
5 in der Region sehr populär. Es gibt viele Fan-
clubs. Sie heißen Eispiraten, Eissportfreunde
usw. In der Saison sind sie jedes zweite Wochenende in der Eissporthalle. Es ist immer etwas
Besonderes. „Man trifft immer irgendjemanden,
10 den man kennt", sagt Bea. An den anderen
Wochenenden sind Auswärtsspiele. Einige fahren dann mit ihrem Club nach Mannheim, Köln
oder Frankfurt, zu den *Adlern*, den *Haien* oder
den *Lions*. Wenige können es sich leisten, immer
15 mitzufahren. Fan sein ist teuer. Die meisten
deutschen Clubs haben Tiernamen. In dieser Saison wurden die *Pinguine* aus Krefeld Meister. Dieses Mal sind die *Huskies* nicht in die Play-offs

gekommen. Für manche Fans war das eine Katastrophe. Sie haben geheult. „Was soll's," sagt Dennis,
20 „sie haben gut gespielt. Diese Mannschaft ist im Aufbau mit dem neuen Trainer. Die nächste Saison
ist unsere!" Alle nicken.

c **Hört das Interview und notiert die Antworten zu den Fragen 1–3.**

1. Woran erkennt man einen Fan?
2. Ist es teuer, ein Fan zu sein? Was kostet das eigentlich?
3. Wie war die Saison für die Huskies?

15 **Projekt: Sammelt Informationen über einen Verein und seine Fans im Internet.
Berichtet in der Klasse.**

16 Indefinita – Aussagen mit _irgend…_
In den Texten auf S. 28/29 findet ihr Beispiele mit _irgend…_ . Was haben die Sätze gemeinsam? Mit welchen Wörtern wird _irgend…_ kombiniert?

Komisch, hast du etwas gehört? Ist da irgendwer?

Du träumst. Ich höre nichts, da ist niemand!

1. ● Irgendein Mensch liebt auch dich.
   ○ Aber ich weiß nicht, wer es ist!
2. ● Hast du irgendeinen spannenden Roman für mich?
   ○ Nein, ich hab auch lange nichts Spannendes gelesen.
3. ● Kennst du irgendwen, der Mathe versteht?
   ○ Nein, ich glaub, das hat niemand verstanden.
4. ● Hast du irgendwas gegen Schnupfen?
   ○ Tut mir leid, ich hab nichts.
5. ● Weiß irgendwer, wie viel Uhr es ist?
   ○ Ja, ich.
6. ● Hast du irgendwo meinen Hund gesehen?
   ○ Moment, ich glaub, ich hab was gehört.

Für die Welt bist du irgendjemand, aber für irgendjemanden bist du die Welt.

17 Indefinita – Aussagen mit _etwas, nichts, jemand, niemand …_
Schreibt die Sätze mit den Indefinita auf. Es gibt mehrere Möglichkeiten.

Sachen: was, etwas, nichts
Personen: man, jemand, niemand
Sachen und Personen: alle, viel(e), einige, manche, wenige

1. ● Magst du noch … Kaffee und Kuchen? ○ Nein, danke, ich mag … mehr. 2. Gestern war ich allein auf dem Tennisplatz. Es war … da. 3. … Schüler mögen die Ferien. 4. Weiß …, wo meine Turnschuhe sind? 5. … Menschen sind gegen Krieg. 6. Entschuldigung, kann mir … zehn Euro leihen? 7. … weiß, dass Sport gesund ist. 8. … Schüler, aber nicht alle, bekommen gute Noten.

18 Demonstrativa – Genaue Aussagen mit _dies…_ – Ergänzt die Tabelle.
Hilfen (Artikel und Endungen) findet ihr im Text auf Seite 29.

Nominativ	Akkusativ	Dativ
Dies… Club ist super.	Ich mag dies… Club.	Mit dies… Trainer sind sie noch nie Meister geworden.
Dies… Eisstadion ist super!	Ich liebe dies… Eisstadion.	In die… Stadion haben es die Gegner schwer.
Dies… Saison war nicht gut.	Die Fans erinnern sich nicht gern an dies… Saison.	In die… Band gibt es nur Stars.

Zusammenfassung

1 Ich kann jetzt ...

... Lieblingsorte / -bücher/ -sportarten beschreiben.
... Musik und Musiker/innen beschreiben.
... sagen, warum ich bestimmte Musik mag oder nicht mag.
... über Fans und Sportclubs sprechen.

2 Wortfelder: Musik und Sportverein

Musik (Nomen)	Musik (Adjektive)	Sport und Vereine
die Melodie, der Text der Rhythmus das Stück, der Song die Stimme, die Sängerin der Gitarrist	traurig, melancholisch gefühlvoll, kitschig witzig, anspruchsvoll fetzig, cool	der Verein/Club/Fanclub der Gegner/Spieler/Trainer das Auswärtsspiel/Heimspiel das Stadion die Saison/Meisterschaft die Mannschaft

3 Grammatik

a Indefinita: *etwas, nichts, jemand, niemand*

Hast du **etwas** Kleingeld für mich?   Nein, ich habe **nichts**.
War gestern **jemand** im Club?   Nein, es war **niemand** da.

b Indefinita – Ungenaue Aussagen mit *-irgend*

irgend + Artikel	irgendeine, irgendeiner	Hast du *irgendeine* Zeitung für mich?
irgend + Fragewort	irgendwen, irgendwer, irgendwie	Weiß *irgendwer*, wie viel Uhr es ist?
irgend + Indefinita	irgendjemand, irgendetwas	Hat *irgendjemand* meine Jacke gesehen?

c Demonstrativartikel *dies...* – genaue Aussagen

Nominativ	Akkusativ	Dativ
Dies**er** Trainer ist unmöglich!	Dies**en** Trainer finde ich nicht gut!	Mit dies**em** Trainer werden wir nie Meister.

d Adjektive vor dem Nomen – nach unbestimmten Artikeln, Possessivartikeln ...

Mit meinem neu**en** Freund gehe ich am liebsten tanzen.

e Wortbildung: Adjektive auf *-ig, -isch, -voll, -los*

traur**ig**, melanchol**isch**   humor**voll**   *-voll* bedeutet *viel*
                                         humor**los**   *-los* bedeutet *ohne*

Sonne und Wind

Oh Sonne, du hast mich betrogen

Der dunkle Winter ist vorbei.
Es strahlt die gelbe Sonne.
Ich zieh die dicken Klamotten aus:
Endlich Wärme, welche Wonne!

So geh ich hinaus in den hellen Tag:
Oh Sonne, ich grüße dich bald!
Da denke ich, mich trifft der Schlag,
es scheint zwar die Sonne, doch sie ist kalt.

Gedicht eines kasachischen Studenten

winterliebesgedicht

weilessokaltist
ziehensichdiewörterzusammen
aufdempapier
undwir
rückenauchganznah
zusammen
dannkönnenwiruns
liebenundwärmen

winterdukannstunsmal

Hans-Curt Fleming

Der Herbst

Im Herbst bei kaltem Wetter
fallen vom Baum die Blätter –
Donnerwetter.
Im Frühjahr dann
sind sie wieder dran –
sieh mal an.

Heinz Erhardt (1909–1979)

15

1 Fünf Gedichte – Lest und hört. Welches Gedicht gefällt euch am besten?

2 Seht die Bilder an und ordnet sie den Gedichten zu. Was passt wozu? Warum?

Er ist's

Frühling lässt sein blaues Band
Wieder flattern durch die Lüfte.
Süße, wohl bekannte Düfte
Streifen ahnungsvoll das Land.
Veilchen träumen schon,
Wollen balde kommen.
Horch, von fern ein leiser Harfenton!
Frühling, ja du bist's!
Dich hab ich vernommen!

Eduard Mörike

Sommer

Der Sommer schwemmt das Licht heran,
Das lange im Winter schlief.
Er streckt die Tage auf seiner Bank.
Sie waren so lange schief.
Der Sommer pumpt die Bäume auf
Mit Kirschen und Birnen und Pflaumen
Und lässt uns in der Hängematte
Unter den Früchten baumeln.

Jonas Torsten Krüger

3 **Hört die Gedichte noch einmal. Sucht ein Gedicht aus und lest es erst leise. Lest es dann vor. Achtet auf die Betonung und die Aussprache.**

4 **Was könnt ihr mit den Gedichten machen? Hier sind ein paar Ideen. Welche gefallen euch am besten? Was wollt ihr machen?**

- Gedichte laut lesen
- Über die Form sprechen
- Im Kurs gemeinsam lesen
- Fragen zu den Texten stellen
- Über die Gedichte sprechen
- Bilder zu den Gedichten malen
- Eigene Gedichte schreiben

5 Wortfelder erarbeiten – Sammelt Wörter zum Thema „Jahreszeiten und Wetter". Macht ein Wörternetz für eine Jahreszeit. Vergleicht in der Klasse.

6 Interviews zusammenfassen – Wir haben gefragt: Welche Jahreszeit magst du am liebsten? Hört zu, macht Notizen und berichtet, wer welche Meinung hat.

mag Sommer   Urlaub   warm, kein Regen   fährt nach

7 Diskussion in der Klasse: Welche Jahreszeit mögt ihr am liebsten? Warum?

8 Wetterberichte verstehen
a Hört zu. Welcher Wetterbericht passt zu welcher Wetterkarte?

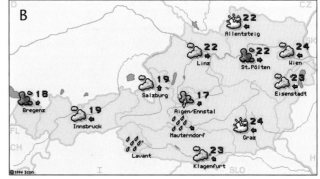

b Hört noch einmal und ergänzt die Sätze.

1. Morgen ist das Wetter in der Südschweiz …
2. Morgen sind die Temperaturen in der ganzen Schweiz … als heute.
3. In Österreich ist es heute mal … und mal … und es … immer wieder.
4. Die Temperaturen gehen bis … Grad.
5. Auf 2000 Meter wird es nur … Grad warm.
6. Morgen ist das Wetter auch nicht … als heute.

9 Alle reden über das Wetter – Ist es schlecht? Wird es gut?
a Hört die Dialoge und sprecht nach. Achtet auf die Intonation.

Dialog 1

● Ein Sauwetter, findest du nicht?
○ Typisch, ist ja Wochenende. Am Montag wird es bestimmt wieder schöner.

Dialog 2

● Super Wetter heute!
○ Mir ist das egal, ich muss für den Test lernen.
● Na ja, morgen ist es bestimmt auch schön.

Dialog 3

● Schrecklich kalt heute.
○ Ja, da haben Sie Recht.
● Morgen soll es schneien.
○ Schnee finde ich ganz schön.

b Schreibt und spielt selber kleine Dialoge wie in 9a.

10 Das Wetter in Redewendungen – Hört die Dialoge und ergänzt 1–6. Welche sind positiv, welche sind negativ?

Blitz – Glatteis – Sturm – Donnerwetter – Sonnenschein – Donnerwetter

1. Zum …! Schon wieder alles falsch!
2. Du bist mein …
3. Der ist schnell wie der …

4. Du willst mich aufs … führen.
5. Das ist die Ruhe vor dem … .
6. …! Du kannst ja super Gitarre spielen!

11 Nebensätze mit *ob*
Lest die Fragen und die Dialoge. Welcher Fragesatz passt zu welchem Dialog? Wo sind Unterschiede?

W-Frage: Wie wird das Wetter?
Ja/Nein-Frage: Regnet es morgen?

Dialog 1

● Weißt du, wie das Wetter wird?
○ Heute wird es sehr warm.

Dialog 2

● Weißt du, ob es morgen regnet?
○ Ja, nimm einen Regenschirm mit.
◆ Nein, es wird ein schöner Sommertag.

Uns ist es egal, ob es regnet oder ob die Sonne scheint. Wir zeigen jedes Wetter.

12 Ergänzt die Satzanfänge rechts so, dass sie zu den Fragen links passen.

Wie viel Uhr ist es?
Regnet es morgen?
Wird der Mathetest schwer?
Was bringt die Zukunft?
Was kostet der CD-Player?
Gehst du mit ins …?
Wann …?

Ich weiß nicht, …
Kannst du mir sagen, …
Claudia fragt ihre Freundin, …
Niemand weiß, …
Mir ist es nicht egal, …

Kannst du mir sagen, wie viel Uhr es ist?

13 Vermutungen anstellen – Weißt du, wie die Zukunft wird?
a Um welche Themen kann es in einem Text mit dieser Überschrift gehen?

Die Welt von morgen

b Lest jetzt den Artikel. Welche Themen nennt der Text?

Die Zukunft war für Menschen schon immer ein sehr wichtiges Thema. Was wird mit uns passieren? Wie wird sich unsere Erde verändern? Welche Chancen und welche Risiken werden auf uns zukommen? Die 5 momentanen Prognosen zeichnen positive und negative Perspektiven.
2050 werden ca. 9 Mrd. Menschen auf der Erde leben. Mehr als je zuvor. Mit der modernen Medizin werden immer mehr Krankheiten verschwinden und die Men- 10 schen werden immer länger leben. Immer mehr Men-schen werden lesen und schreiben können. Dies alles sind positive Entwicklungen.
Negativ ist jedoch, dass der Hunger in der Welt weiter ein Problem sein wird. Vermutlich wird es weiter poli- 15 tische und kriegerische Konflikte geben. Und wenn wir weiter so viel Energie verbrauchen, dann wird es bald keine Reserven an Öl, Kohle oder Holz mehr geben. Schon in 50 Jahren wird es dunkler, kälter und ungemütlicher für uns.

c Welche Prognosen gibt es im Text? Welche sind positiv und welche negativ?

14 Futur mit *werden*: Zukunftsprognosen – Notiert Futurformen aus dem Text. Erkennt ihr die Regel?

2050 ⟨werden⟩ ca. 9 Mrd. Menschen auf der Erde ⟨leben⟩ .

15 Gedanken über die Zukunft äußern
a Schreibt je eine Aussage auf einen Zettel und sammelt die Zettel ein.

2010		Wasser teurer als Gold sein.
In 50 Jahren	wird	alle zum Mars fliegen.
In der Zukunft	werden wir	nie mehr krank sein.
Schon bald		mit Solarautos fahren.
In 100 Jahren		zu wenig Öl haben.
…		es keinen Hunger mehr geben.
		es in Alaska Palmen geben.
		…

Schon bald werden wir zu wenig Öl haben.

b Lest die Sätze vor. Was wird passieren? Was nicht? Diskutiert in der Klasse.

In 100 Jahren wird Wasser teurer sein als Gold.

Das glaube ich auch. Es gibt im Moment schon wenig Wasser.

Zustimmung	Ablehnung
Das ist richtig, weil …	Das stimmt nicht, denn …
Das glaube ich auch.	Das ist nicht richtig …
Ich finde, dass das stimmt. Bei uns …	Ich bin anderer Meinung, weil …
Du hast Recht, denn …	Nein, das glaube ich nicht.
Ich bin auch der Meinung, dass …	Ich finde nicht, dass …

16 Über die Zukunft sprechen
   a Vergleicht die Sätze.

Ihr könnt es so sagen:

Im Sommer fahre ich nach Spanien.
Morgen regnet es.
In Zukunft leben die Menschen länger.

Oder so:

Im Sommer werde ich nach Spanien fahren.
Morgen wird es regnen.
In Zukunft werden die Menschen länger leben.

b Lest die Sätze im Text von Aufgabe 13b, Zeile 7 bis 19, im Präsens vor.

2050 leben 8 Mrd. Menschen auf der Erde.
Mehr als je zuvor. Mit der ...

17 **Und was sind eure ganz persönlichen Prognosen? Bildet Sätze wie im Beispiel.**

2020 – nächste Woche – am Donnerstag – in 50 Jahren – wenn ich 30 bin – heute Nachmittag ...

2020 werde ich fünf Kinder haben.

In 50 Jahren bin ich zwar uralt, aber topfit!

18 **Was wird aus unserem Klima? – Seht euch die Bilder an und sprecht darüber.**

der Smog / die Luftverschmutzung

der Waldbrand

das Hochwasser / die Überschwemmung

die Wasserverschmutzung

die Dürre

19 Klimawandel
a Lest den Text und notiert wichtige Informationen.

Der Klimawandel – Die Welt verändert sich

In den letzten Jahren haben wir es deutlich gemerkt: Das Klima in der Welt ändert sich. Wir sprechen vom „Klimawandel". Immer mehr Menschen brauchen immer mehr
5 Energie. Es werden Abgase und Gifte in der Industrie und von Autos produziert. Tendenz steigend. Zu viel CO_2 und andere Substanzen sind aber eine
10 Gefahr für unsere Umwelt. Wenn die Werte weiter steigen, dann haben wir bald ein großes Umweltproblem. Schon jetzt werden in der ganzen Welt Ver-
15 änderungen beim Wetter und beim Klima beobachtet: Die Temperatur der Meere steigt, das Eis der Pole schmilzt, der Wasserspiegel der Ozeane steigt. Während in Europa die Niederschläge zunehmen, nehmen sie auf dem
20 afrikanischen Kontinent ab. Wasser wird immer knapper, in den Bergen gibt es häufiger Lawinen. Die UV-Strahlung der Sonne wird durch das Ozonloch weltweit gefährlicher. Die Experten

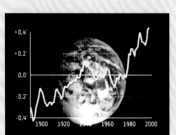

In den letzten 100 Jahren ist die Temperatur um durchschnittlich 1 Grad gestiegen

25 sind sich nicht sicher, was die konkreten Ursachen sind. Es besteht aber kein Zweifel, dass wir Menschen und unsere Maschinen für viele Veränderungen in der Natur verantwortlich sind. Damit dramatische Folgen vermieden werden können,
30 darf in Zukunft nicht mehr so viel Energie verbraucht werden. Wir müssen sparsamer werden.
Aber es gibt auch Erfolge im Umweltschutz: Der Rhein war
35 1970 einer der am stärksten verschmutzten Flüsse in Europa. In den letzten Jahren wurde die Qualität des Flusswassers durch Kläranlagen immer weiter verbessert. Viele
40 Fischarten sind zurückgekehrt und man kann an manchen Stellen sogar wieder baden. Um fossile Energie zu sparen, wurden in den letzten zehn Jahren in Deutschland immer mehr Solaranlagen auf Hausdächern gebaut und der Bau von Wind-
45 kraftanlagen wurde stark gefördert.

b Wörter verstehen – Lest die Erklärungen. Welche Wörter im Text passen dazu?

1. Kohlendioxyd. Es entsteht, wenn Energie verbraucht wird, z.B. wenn ein Auto fährt und Benzin verbraucht.
2. Das ist eine Lücke in der Erdatmosphäre. Durch die Lücke kommen Sonnenstrahlen ohne Filter auf die Erde.
3. Das ist alles, was nicht von Menschen erfunden oder produziert wird, z.B. die Luft, die Erde, die Tiere …
4. Ein Oberbegriff für Regen, Schnee, Nebel etc.

20 Beobachtungen
a Welche Beobachtungen in 1–9 und a–i gehören zusammen?
b Notiert alle Wörter, die Veränderungen ausdrücken.

1. Immer mehr Menschen verbrauchen immer mehr Energie.
2. Die Temperaturen steigen.
3. Die Niederschläge in Afrika nehmen ab.
4. Immer mehr Abgase werden produziert.
5. Das Ozonloch wird größer.
6. Das Flusswasser ist sauberer.
7. Solaranlagen werden gebaut.
8. Es werden mehr Windkraftanlagen gebaut.
9. Die Produktion von CO_2 nimmt ab.

a) Das Eis der Pole schmilzt, das Wasser der Ozeane steigt.
b) Das Wasser wird knapper und die Trockenheit der Erde nimmt zu.
c) Es gibt wieder mehr Fische.
d) Es gibt zu viel CO_2 in der Luft.
e) Man kann besser atmen.
f) Man verbraucht weniger fossile Energie.
g) Mehr UV-Strahlung kommt auf die Erde.
h) Noch mehr fossile Energie wird gespart.
i) Wir müssen sparsamer mit der Energie sein.

c Plus und Minus – Was passt zusammen? Ordnet zu und lest vor.

1. Das Öl wird …
2. Die Risiken für die Natur werden …
3. Es gibt … Menschen.
4. Die Qualität des Wassers wird …
5. Wir produzieren … Abgase und Gifte.
6. Es gibt … Wasser, als wir brauchen.
7. Alternative Energien (Wind, Sonne …) …

größer
nehmen zu
immer mehr
immer weiter
immer besser
knapper
weniger

21 Ein Thema oder Problem vorstellen – Die Fünf-Satz-Rede

Hier findet ihr eine Anleitung zum Trainieren von kurzen Reden:

Satz 1:
Nennt ein Problem oder eine These, z.B.:
1. Der Autoverkehr ist ein Problem für die Umwelt.

Satz 2–4:
Nennt drei Beispiele für das Problem oder die These:
2. Die Autos machen viel Lärm.
3. Sie produzieren viele Abgase.
4. Sie verbrauchen zu viel Energie.

Satz 5:
Der Schlusssatz ist eine Forderung / ein Lösungsvorschlag / eine Konsequenz:
5. Deshalb ist es besser, wenn wir mehr mit Bus, Bahn und Fahrrad fahren.

a Zwei Reden zum Klimawandel – Sie sind durcheinander. Ordnet die Reden.

In manchen Ländern gibt es zu viel Wasser. – Es gibt immer stärkere Veränderungen in der Natur. – Deshalb müssen wir in Zukunft mehr für die Umwelt tun. – In Afrika gibt es zu wenig Niederschläge. Die Meere werden immer wärmer. – Es wird wieder mehr Fische geben. – Der Rhein ist viel sauberer als früher. – Umweltschutz lohnt sich. – Deshalb müssen wir weiter im Umweltschutz aktiv sein. – Die Qualität des Wassers ist wieder besser geworden.

b Findet ein Thema und haltet selbst kurze Reden.

Mein Computer ist zu langsam.

Die Schüler haben immer weniger Zeit für die Hausaufgaben. Das ist ein Problem.

Viele Leute behandeln ihre Haustiere wie Kinder. Das ist nicht gut.

Die Menschen werden immer älter. Das ist schön, aber auch ein Problem.

Ich muss mein Zimmer mit meinem Bruder teilen. Das ist ein Problem.

22 CO₂ reduzieren: Was kann man tun? Sammelt Ideen in der Klasse.

Die Wette

Die Europäische Union (EU) sagt: Wir werden bis zum Jahr 2008
8% CO$_2$* einsparen. Schüler und Schülerinnen von luxemburgischen
Schulen haben behauptet, dass sie schneller als die EU sind. Sie haben
mit EU-Politiker Romano Prodi gewettet, dass sie in 8 Monaten
8 Prozent (160.000 kg) CO$_2$ sparen werden.
Topp, die Wette gilt ...

*CO$_2$ entsteht, wenn Energie und Ressourcen wie Wasser, Holz, Kohle und Öl usw. verbraucht werden.

23 **Das sind die Ideen aus Luxemburg. Lest die Vorschläge. Welche Aktionen findet ihr am effektivsten?**

Ihr könnt viel Energie sparen, wenn ...

... auf die richtige Temperatur geachtet wird
   (Klassenraum: 22 °C, Sporthalle: 17 °C).
... die Zimmertemperatur reduziert wird,
   z.B. vor/nach dem Unterricht, in den Ferien.
... ihr Türen und Fenster richtig schließt.
... das Licht in den Pausen ausgemacht wird.
... ihr mit Fahrrad, Bus oder Bahn zur Schule kommt.

... Wasser sparsam verbraucht wird.
... Elektrogeräte auf Stand-by gestellt oder
   ausgemacht werden.
... ihr Recycling-Papier verwendet.
... ihr Getränke in Flaschen statt in
   Dosen kauft.
... Pausenbrote in Papier einpackt werden.

24 **Was könnt ihr machen? Sammelt in der Gruppe je eine Idee zu den Themen „Strom", „Wasser", „Verkehr". Stellt eure Ideen vor, schreibt dann einen Vertrag für die Klasse.**

Umwelt-Vertrag

Wir werden

 nicht so lange duschen.

 in den Pausen in den Räumen das Licht ausmachen.

 öfter mit dem Fahrrad fahren.

Prima Klima –
        Engagement für die Umwelt

In Deutschland, in Österreich und der
Schweiz gibt es viele Initiativen für
Jugendliche, die sich mit dem Thema
„Klima, Wetter und Umwelt" beschäftigen.

 25 **Ein Projekt zum Thema – Aktivitäten in eurer Stadt.**

Sammelt Material, wählt Initiativen aus und stellt eure Ergebnisse in der Klasse vor. Euer Lehrer / Eure Lehrerin hat eine Checkliste für euch, die euch bei dem Projekt hilft.

Zusammenfassung

1 Ich kann jetzt …

… meine Meinung zu einem Gedicht sagen.
… ein Gedicht lesen/vortragen.
… über Alltagsthemen sprechen (*Small Talk*), z.B. über das Wetter.
… über eine mögliche Entwicklung in der Zukunft sprechen/diskutieren.
… wichtige Informationen aus einem Text notieren.
… allgemeine und persönliche Aussagen über die Zukunft machen.
… kurze Reden halten.

2 Wortfelder: Wetterwörter und Wortarten

Nomen	Verben	Adjektive
der Schnee	Es schneit.	–
der Wind	Der Wind weht.	Es ist windig.
die Sonne	Die Sonne scheint.	Es ist sonnig.
die Wolken	–	Es ist bewölkt.
der Regen	Es regnet.	Es ist regnerisch.
der Sturm	Es stürmt.	Es ist stürmisch.
das Gewitter	–	Es ist gewittrig.

3 Zustimmung oder Ablehnung ausdrücken

Zustimmung	Ablehnung
Das ist richtig, weil …	Das stimmt nicht, denn …
Das glaube ich auch.	Das ist nicht richtig …
Ich finde, dass das stimmt. Bei uns …	Ich bin anderer Meinung, weil …
Du hast Recht, denn …	Nein, das glaube ich nicht.
Ich bin auch der Meinung, dass …	Ich finde nicht, dass …

4 Grammatik

a Nebensätze mit *ob*

Er hat gefragt, ob du heute zur Party kommst.
Weißt du, ob es morgen warm wird?
Kannst du mir sagen, ob deine Schwester morgen Zeit hat?
Es ist mir egal, ob du mitkommst.

b Futur mit Präsens oder *werden* + Infinitiv

Morgen werde ich zu meiner Freundin fahren.
Morgen fahre ich zu meiner Freundin.
Im Jahr 2010 werden die meisten Flüsse wieder sauber sein.
Im Jahr 2010 sind die meisten Flüsse wieder sauber.

Im Deutschen kann man alle Aussagen über die Zukunft mit dem Präsens und Zeitangaben machen.
Bei Zukunftsprognosen und -plänen benutzt man das Futur mit *werden* + Infinitiv.

1 Wiederholungsspiel: Du oder ICH

Spielregeln

Ihr spielt zu viert.
Ihr braucht das Spielfeld,
vier Spielsteine
(z. B. Münzen)
und einen Würfel.

Auf dem Spielfeld
gibt es drei Symbole:
- ❤ Du beantwortest
  die Frage selbst.
- ☼ Die Person links von dir
  beantwortet die Frage.
- ❖ Die Person rechts von dir
  beantwortet die Frage.

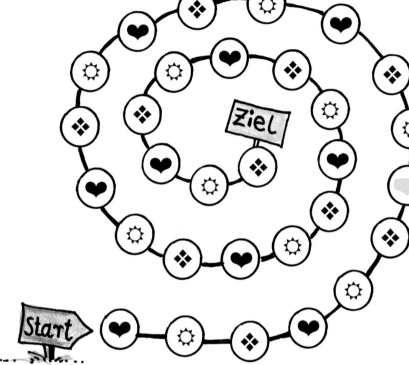

Wer die höchste Zahl würfelt,
beginnt.
- Du würfelst z.B. eine Zwei
  und kommst auf das Spiel-
  feld mit dem Symbol ☼.
- Du suchst eine Aufgabe
  aus, die die Person links
  neben dir beantworten
  muss.
  Die Person löst die Aufgabe richtig und sie bekommt einen Punkt.
  Die Person löst die Aufgabe falsch und du bekommst einen Punkt.
- Wenn du die Aufgabe selber richtig beantwortest, bekommst du einen Extrapunkt.
- Die gelöste Aufgabe dürft ihr nicht mehr wählen.
- Der/Die Nächste würfelt.

Das Spiel ist zu Ende, wenn alle das Ziel oder das letzte Aufgabenfeld erreicht haben.
Wer am Ende die meisten Punkte hat, gewinnt.

1. Nenne zwei Gründe, um Deutsch zu lernen.
2. Stelle deinen Nachbarn vor. Drei Sätze reichen.
3. Ergänze die Sätze: Ich glaube, dass … / Er mag dich, weil … /
   Wir brauchen das Wörterbuch, um …
4. Bei welchem Wettbewerb hat Anne Merks
   einen Preis bekommen?
5. Sag es mit dem Genitiv: 90% + Deutsche / Peter + Vater
6. Ergänze: lang – länger – am … / hoch – h… – am … /
   viel – m… – …
7. Lärm. Nenne drei Dinge, die dich stören.
8. Ergänze die Sätze: Viele Menschen arbeiten nur, um … /
   Ich mache Sport, um …
9. Nenne zwei Ideen zum Vokabellernen.
10. Wie heißen die Sätze „aktiv"?
    Die Vokabeln werden auf Karten geschrieben. /
    Die Umwelt wird immer stärker verschmutzt.
11. Was/Wen magst du sehr? Nenne drei „Lieblinge" von dir.
12. Welche Musik magst du? Nenne drei Adjektive, die zu
    deiner Musik passen.
13. Nenne vier Länder auf Deutsch.

14. Ergänze die Endungen: Tim geht mit seiner neu… Freundin ins Kino. / Ich bin auf einen ho… Berg gewandert.
15. etwas/nichts: Sag zwei Sätze.
16. Ergänze die Endungen: Dies__ Test war sehr schwer. / Für dies__ Ferien habe ich noch nichts vor.
17. Wetterwörter – Ergänze: Es reg… / Die S… scheint. / Es ist win…
18. Antworte: Wie wird das Wetter morgen?
19. Ergänze die Sätze: Weißt du, ob … ? / Weißt du, wann …?
20. Was machst du 2010, morgen früh, in 10 Jahren? Bilde Sätze.
21. Nenne drei Umweltprobleme.
22. Was nimmt zu, was nimmt ab? Trinkwasser –, Wärme +, Kohlendioxyd + . Bilde je einen Satz.
23. Nenne zwei Vorschläge, um Energie zu sparen.
24. Stelle zwei Fragen: Kino mitkommen? Film anfangen? Schwester mitbringen?
25. Welche Wörter passen nicht? bequem – schwer – schick – modisch / morgen – in Zukunft – bald – gestern / Norwegisch – Französisch – Österreich – Polnisch

AUSSPRACHE

2 **Gefühle ausdrücken – Hört zu und sprecht nach. Wo ist der Satzakzent?**

1. ● Tina war zusammen mit Peter auf der Party.
   ○ Ach, das glaube ich nicht.
2. ● Oha, das ist ja toll.
   ○ Ja, das Fahrrad habe ich von meinem Vater.
3. ● Weißt du die Lösung für Aufgabe 4?
   ○ Hm, das weiß ich auch nicht.
4. ● Meine Eltern finden, dass die Schule nicht so wichtig ist.
   ○ So, so, das haben deine Eltern gesagt?
5. Ach, so ein Mist. Ich habe meinen Schlüssel verloren.
6. Aha, das ist ja ganz einfach.
7. Hey, was soll das? Du spinnst wohl!
8. Oh nein, das habe ich total vergessen!

3 **Pantomime in der Klasse**

a Seht euch das Foto an. Welcher Ausdruck aus Aufgabe 2 passt dazu?

b Spielt selber Szenen ohne Worte vor. Die anderen raten, welche Ausdrücke aus Aufgabe 2 passen.

4 **Gespräch zum Thema „Umweltprobleme": A**

a Sieh dir die Grafik an und lies den Text.

Wir verbrauchen so viel Energie wie nie. Immer mehr Haushalte brauchen Strom für elektrische Geräte, es gibt immer mehr Autos und auch die Industrie hat einen hohen Energieverbrauch. Die Statistik zeigt, wie viele Tonnen eine Person im Land an Energie verbraucht. Beim Verbrauch stehen die USA mit 8,1 Tonnen pro Einwohner auf Platz Nummer 1. Kanada steht mit 7,5 Tonnen auf Platz 2. Schon die Niederlande an dritter Stelle brauchen mit 5,3 Tonnen deutlich weniger. Deutschland und Japan verbrauchen mit 4,0 Tonnen nur halb so viel wie die USA. Über 50% der Länder verbrauchen jedoch noch weniger. Italien z.B. nur noch 2 Tonnen und China verbraucht mit 0,6 Tonnen laut Statistik am wenigsten pro Person.

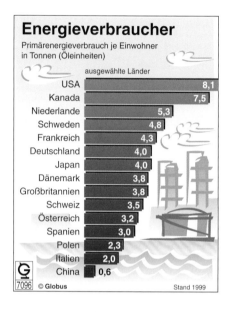

Energieverbraucher

Primärenergieverbrauch je Einwohner in Tonnen (Öleinheiten)

ausgewählte Länder

USA	8,1
Kanada	7,5
Niederlande	5,3
Schweden	4,8
Frankreich	4,3
Deutschland	4,0
Japan	4,0
Dänemark	3,8
Großbritannien	3,8
Schweiz	3,5
Österreich	3,2
Spanien	3,0
Polen	2,3
Italien	2,0
China	0,6

G 7096 © Globus   Stand 1999

b Ergänzt die folgenden Sätze. Berichtet dann über eure Informationen. A beginnt.

1. In meiner Statistik geht es um …
2. Der Verbrauch wird in … pro … gemessen.
3. Auf Platz 1 liegen …
4. Dann folgen … mit …

5. Japan verbraucht genauso viel wie …
6. Großbritannien verbraucht nur halb so viel … wie …
7. Mehr als die Hälfte verbraucht …

c Gespräch über Energieverbrauch
   Wählt aus 1–5 Fragen für eure Partner/innen aus und sammelt weitere Ausdrücke.

1. Ist das Thema Energieverbrauch wichtig für dich?
2. Hast du gewusst, dass die USA am meisten Energie verbrauchen?
3. Warum brauchen die Chinesen nur so wenig Energie?
4. Was mich noch interessiert: Was machst du, um Energie zu sparen?
5. Welche Gründe gibt es dafür, wenig Energie zu verbrauchen?

d Argumente und Informationen einleiten
   Ergänzt die Satzanfänge und fragt euch gegenseitig.

Findest du, dass … ?
Hast du gewusst, dass …?
Ist es besser, wenn …?
Warum ist Umweltschutz …?
Welche Gefahren …?
Wie wird in Zukunft …?

Findest du, dass Umweltschutz wichtig ist?

e Sprecht zu zweit. Zuerst fragt A, B antwortet. Dann wechselt ihr.

B Gespräch zum Thema „Umweltprobleme":

4

a Sieh dir die Grafik an und lies den Text.

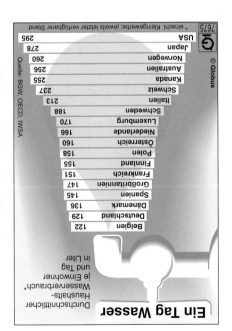

Ein Tag Wasser

Durchschnittlicher Haushalts-Wasserverbrauch* je Einwohner und Tag in Liter

Belgien	122
Deutschland	129
Dänemark	136
Spanien	145
Großbritannien	147
Frankreich	151
Finnland	155
Polen	158
Österreich	160
Niederlande	166
Luxemburg	170
Schweden	188
Italien	213
Schweiz	237
Kanada	255
Australien	256
Norwegen	260
Japan	278
USA	295

* einschl. Kleingewerbe; jeweils letzter verfügbarer Stand

Quelle: BGW, OECD, IWSA

© Globus 7675

Trinkwasser wird immer knapper.

Trotzdem verbrauchen wir immer noch sehr viel Wasser zum Waschen, Duschen, für den Garten etc.

Die Statistik zeigt für jedes Land, wie viele Liter Wasser eine Person pro Tag verbraucht.

Mit 295 Liter Wasser pro Einwohner stehen die USA an erster Stelle. Es folgen die Japaner (278 l), die Norweger (260 l) und die Australier (256 l) auf den Plätzen 2 bis 4.

Auch die Schweizer und Italiener verbrauchen mehr als 200 Liter pro Person. Alle anderen Länder kommen mit weniger als 200 Liter aus. Deutschland liegt mit 129 Liter auf Rang 18. Damit sind die Deutschen sehr sparsam und verbrauchen ca. 56% weniger Wasser als die Amerikaner. Noch sparsamer ist aber Belgien mit 122 Liter Wasserverbrauch pro Tag und Einwohner.

b Ergänzt die folgenden Sätze. Berichtet dann über eure Informationen.

A beginnt.

1. In meiner Grafik geht es um ...
2. Es geht darum, wie viele Liter ...
3. Am meisten verbrauchen ...
4. Die Deutschen stehen auf Platz ...
5. Am sparsamsten sind ...
6. Fast gleich viel verbrauchen ...
7. Mehr als die Hälfte braucht ...

c Gespräch über Wasserverbrauch

Wählt aus 1–5 Fragen für eure Partner/innen aus und sammelt weitere Ausdrücke.

1. Ist das Thema Wasserverbrauch wichtig für dich?
2. Weißt du, wo es Wasserprobleme gibt?
3. Warum gibt es so große Unterschiede im Verbrauch?
4. Gehörst du auch zu den Menschen, die jeden Tag baden?
5. Eine letzte Frage: Machst du etwas, um Wasser zu sparen?

d Argumente/Informationen einleiten

Ergänzt die Satzanfänge und fragt euch gegenseitig.

Findest du, dass ...?
Hast du gewusst, dass ...?
Ist es besser, wenn ...?
Warum ist Wasser ...?
Welche Chancen ...?
Wie wird in Zukunft ...?

Findest du, dass Wassersparen wichtig ist?

e Sprecht zu zweit. Zuerst fragt A, B antwortet. Dann wechselt ihr.

Herr Meier spart
von Johannes Merkel

Unser Herr Meier war für seine Redseligkeit stadtbekannt. Wenn er zum Beispiel ein Frühstück einkaufen ging, sagte er erst mal: „Einen wunderschönen guten Morgen."

„Sind Sie wieder in Laune in aller Herrgottsfrühe?", freute sich die
5 Verkäuferin. „Was darf es denn sein?"

„Sie haben ja wieder so viele verlockende Sachen hier", sagt unser Herr Meier. „Man kann sich gar nicht recht entscheiden. Also zum Beispiel diese Nusshörnchen würden mich ja eigentlich sehr reizen. Aber bei meinem kranken Magen dieser Tage, nein, bleiben wir lie-
10 ber bei zwei Roggenbrötchen und einem halben Liter Milch." So ging es immer bei ihm. Wenn er nur ein Brötchen einkaufte, machte er daraus gleich einen ganzen Roman.

Eines Morgens steht einer hinter unserem Herrn Meier, der es eilig hat. Er tritt von einem Fuß auf den anderen und schließlich platzt er
15 raus: „Sie werden wohl fürs Quatschen bezahlt!"

Herr Meier zahlt hastig und beim Rausgehen denkt er: Der Kerl hat eigentlich Recht. Was habe ich denn von dem dauernden Reden? Ich sollte vielleicht sparsamer mit meinen Wörtern umgehen.

Und stellt euch vor, was unser Herr Meier machte! Der hängte sich
20 eine Spardose um den Hals, in die steckte er die Wörter rein, die er beim Reden einsparte.

Als er zum Beispiel am nächsten Morgen sein Frühstück einkauft, begrüßt ihn die Verkäuferin: „Einen fröhlichen guten Morgen."

Aber gleich darauf bleibt ihr das Wort im Hals stecken. Denn unser
25 Herr Meier knurrt nur: „Morgen." Und schiebt sich drei Wörter in seine neue Spardose.

„Was darf's denn heute sein?", fragt die Verkäuferin. Herr Meier betrachtet ganz gegen seine Art die Auslagen. Schließlich sagt er: „Bitte zwei Butterhörnchen und einen viertel Liter Milch." Und er
30 schiebt sich gleich zwei Hände voll Wörter in die Spardose.

Nicht schlecht, denkt er sich, aber das muss noch besser werden. Als ihn die Verkäuferin am nächsten Morgen schon ganz eingeschüchtert begrüßt, antwortet unser Herr Meier überhaupt nichts. Wieder ein Wort gespart!
35 „Was darf's denn heute sein?"

„Milchbrötchen, zwei. Kakao, Liter, halb."

Den hat's erwischt, denkt die Verkäuferin. Aber sie versteht ja, was er will: zwei Milchbrötchen und einen halben Liter Kakao. Wie viele Wörter schiebt sich unser Herr Meier jetzt in die Dose?
40 Am Morgen darauf stolpert unser Herr Meier stumm in den Laden und knurrt: „Brötchen, Kakao." Und stopft die gesparten Wörter in seine Dose.

Alles, was recht ist, aber diesmal ist die Verkäuferin ratlos. „Was für Brötchen denn? Und wie viel Kakao?"
45 Soll unser Herr Meier gesparte Wörter wieder rausrücken, bloß damit ihn diese begriffsstutzige Person versteht? Kommt nicht in die Tüte! Was er einmal gespart hat, rückt er nicht mehr raus. Aber was kann er machen, damit ihn die Verkäuferin versteht?

---

viel sprechen

früh
am Morgen

am Schluss
viel Reden
(umgangs-
sprachl.)

sie kann
nicht weiter-
sprechen

der ist verrückt geworden

ohne zu sprechen

zurückgeben
jemand versteht nicht
Nein, das geht nicht!

Immerhin, auf die Mohnbrötchen, auf die er sich den ganzen Mor-
50 gen schon freut, kann er auch mit den Fingern zeigen. Die Verkäuferin schiebt auf gut Glück zwei davon über den Tresen. Aber Herr
Meier wollte doch drei. Er schüttelt den Kopf. Die Verkäuferin legt
noch zwei dazu. Herr Meier schüttelt wieder den Kopf. Wie soll er
das dieser Person nur klar machen? Da hat er den richtigen Einfall:
55 Er braucht die Zahl ja nur mit den Fingern zu zeigen. Und wie
macht er ihr klar, dass er einen halben Liter Kakao braucht? Er zeigt
ihr die flache Hand und schlägt mit der anderen Hand genau auf die
Mitte, als wollte er sie in zwei Teile teilen. Und sieh an, die Verkäuferin kapiert auch das. Aber fragt nicht, wie die inzwischen unseren
60 Herrn Meier findet!
Das ist dem aber piepegal. Solange er Wörter sparen kann, ist er
glücklich. Und er freut sich schon auf den nächsten Morgen, dann
will er nämlich gar nichts mehr sagen. Kein einziges Wörtchen
mehr.
65 Jetzt hatte er den Bogen raus, jetzt brauchte er keinen Ton
mehr zu sagen und konnte gleich schaufelweise Wörter sparen
und das tat unser Herr Maier auch und bald war er dafür stadtbekannt.
Zu Hause leerte er die Spardose aus und füllte damit Kisten und
70 Schränke. Er füllte damit die Zimmer im Erdgeschoss und dann die
Zimmer im ersten Stock, schließlich im zweiten Stock und zum
Schluss hatte er nur noch ein kleines Eckchen in der Dachkammer
frei, wo er schlief. Aber dann war auch die Dachkammer bis oben
gefüllt mit gesparten Wörtern und eines Tages kletterte unser Herr
75 Meier durch die Luke aufs Dach. Da hockte er nun oben auf dem
Dach und wusste nicht mehr, wie er runterkommen sollte. Es regne-
te und der Wind blies, aber unser Herr Meier wollte immer noch
kein Wort verschwenden, das er einmal gespart hatte. Schließlich,
am vierten Tag, fing er doch an, um Hilfe zu rufen.
80 Von dem Tag an hatte unser Herr Meier die Nase voll vom
Wörtersparen und er verschenkte seine ganze Sammlung gesparter
Wörter. Jeder, der vorbeikam, konnte so viele Wörter mitnehmen,
wie er Lust hatte, bis das ganze Haus wieder leer und bewohnbar
war.
85 Ich bin zufällig auch gerade vorbeigekommen und habe mir zwei
Hosentaschen voll Wörter mitgenommen, und weil ich so gute
Laune habe, schenke ich euch ein paar Wörter von unserem Herrn
Meier. Wollt ihr sie haben? Zum Beispiel das Wort: Kakaotrunk.
Oder: Wegwerfpackung. Oder: Eisportionierer.

total egal

etwas gut können

genug haben von etwas

5 **Aufgaben zur Geschichte**
a **Wählt eine Szene aus und spielt sie nach.**
b **Die Geschichte kann auch anders aufhören. Schreibt ein neues Ende.**

– Herr Meier verkauft die Wörter und …
– Herr Meier füttert seinen Computer mit Wörtern und …

c **Ein deutsches Sprichwort heißt:**
Was kann damit gemeint sein?
Gebt Beispiele.

> *„Reden ist Silber,*
> *Schweigen ist Gold"*

Kaufen

1 Die Kaufhausfassade – Ein Kunstwerk interpretieren

Zu einer Ausstellung mit dem Titel „Shopping" wurde die Fassade eines Kaufhauses in Frankfurt in ein Kunstwerk verwandelt.

a Was könnte das Foto bedeuten? Sprecht darüber.

b Hört die Interpretation von Antonia.

2 Die Zitate unten stammen aus dem Katalog zur Ausstellung. Was ist eure Meinung dazu? Wozu habt ihr noch Fragen?

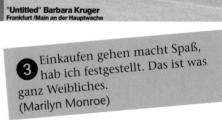

"Untitled" Barbara Kruger
Frankfurt /Main an der Hauptwache

> **1** Es macht richtig Spaß, in Schaufenster zu gucken – man kann sich die ganzen Sachen ansehen und sich darüber freuen, dass sie einem zu Hause nicht Schränke und Schubladen vollstopfen.
> (Andy Warhol)

> **3** Einkaufen gehen macht Spaß, hab ich festgestellt. Das ist was ganz Weibliches.
> (Marilyn Monroe)

> **2** An einem bestimmten Punkt müssen wir uns der Realität stellen: Trotz all des Guten, das die Welt uns zu bieten hat, kann man wahres Glück nur beim Shopping finden.
> (Ally McBeal)

> **4** In einer Welt, in der sich alles ums Einkaufen dreht … und Einkaufen alles ist …, was bedeutet da Luxus? Wahrer Luxus ist, NICHT einzukaufen.
> (Rem Koolhaas, 2001)

Ich glaube, das erste Zitat könnte bedeuten, dass …
Vielleicht will Andy Warhol sagen, dass …
Marilyn Monroe behauptet, dass …
Für Rem Koolhaas ist …

DU WILLST ES · DU KAUFST ES · DU VERGISST ES

KAUFh

22

3 **Wie wichtig ist Einkaufen?**

a **Lest und hört die Aussagen von sechs Jugendlichen. Wem stimmt ihr zu?**

b **Wie ist das in eurer Klasse? Macht einen anonymen Fragebogen und eine Statistik.**

① Viktoria (16): Wenn ich in die Stadt gehe, muss ich mir auch was kaufen. Wenn ich dann was Schönes gekauft habe, bin ich irgendwie glücklich. Wenn nicht, hab ich voll schlechte Laune und hab auf gar nichts mehr Bock. Einkaufen macht Spaß, wenn man etwas Schönes findet.

② Julia (15): Shoppen ist wichtig für mich, weil ich dabei meine Sorgen und Probleme vergesse. Shoppen gehe ich immer stundenlang und denke gar nicht an die Preise. Trotzdem gehe ich am liebsten zu H&M, weil dort die Sachen sehr günstig sind.

③ Nils (15): Ich gehe nur shoppen, wenn ich etwas brauche. Ich hasse es, stundenlang durch die Stadt zu rennen, allein schon, weil ich dafür keine Zeit habe. Das Einzige, wofür ich mir mal mehr Zeit nehme, sind Sportklamotten, weil ich 3- bis 4-mal pro Woche Basketball spiele.

④ Felix (15): Ich mag keine vollen Kaufhäuser und Läden. Immer, wenn ich irgendwelche Klamotten brauche, gehe ich in die Stadt, kaufe sie und gehe wieder.

⑤ Marija (14) und ⑥ Alexandra (14) könnt ihr hören.

c **Zu wem könnten die folgenden Aussagen passen?**

1. Andere Sachen sind mir viel wichtiger als Shoppen.
2. Der Pullover gefällt mir und er war total günstig. Der Tag ist gerettet.
3. Allein in die Stadt zum Shoppen ist blöd.
4. Ich glaube, ich muss mal wieder in die Stadt, mir fällt die Decke auf den Kopf.
5. Meine Jeans muss nicht von Levis sein, Hauptsache, sie passt mir.
6. Für das Shoppen brauche ich ziemlich viel Zeit.
7. Shoppen geht bei mir total schnell.

4 **Einkaufsgeschichten – Hört die Geschichte von Hella. Wer von euch kann auch solche Geschichten erzählen? Lustige, verrückte, schöne, seltsame …**

23

5 Kaufsucht

**a Schaut das Foto an, lest die Überschrift und den Einleitungstext.
Wie könnte die Geschichte mit Maria weitergehen?**

Kaufen – Geld – Krankheit –
Freunde – Eltern

> Ich nehme an, dass sie immer mehr gekauft hat.

b Selektives Lesen: Was kauft Maria? Findet die Produkte im Text.
c Marias Gefühle – Ergänzt die Aussagen mit Hilfe des Textes.

Maria *fühlt sich wie ein Star*, wenn …
Maria wird *einsam*, weil …
Sie ist *glücklich*, wenn …
Mit ihren Freunden *bekommt sie Ärger*, weil …
Maria ist *bedrückt und hat Ängste*, weil …
Maria *fühlt sich nach dem Einkauf noch elender als davor*, denn …
Am Ende *hat Maria das Gefühl, verrückt zu werden*. Sie …
Nach den Gesprächen mit einer Ärztin *fühlt sich Maria erlöst*. Sie glaubt, dass …

Maria, 18: „Ich bin shoppingsüchtig."

Alles fing ganz harmlos an:
Maria ging einfach total gern
einkaufen. Doch mehr und
mehr verfiel sie einem
verhängnisvollen Rausch.

Was für die meisten Girls einfach
nur Freizeit-Fun oder ein Bummel
durch Einkaufsstraßen ist, ist
für Maria viel, viel mehr: Beim
5 Shoppen fühlt sie sich wie ein
umschwärmter Star, für den ein
roter Teppich ausgerollt wird.
„Es ist wie ein Anfall", erzählt
Maria stockend. „Immer das Glei-
10 che: Ich sehe Jennifer Lopez im
TV und sofort will ich auch so
coole Klamotten haben wie sie!
Ich muss los, ich muss einkaufen …"
15 Schon mit 13 Jahren fing alles an.
Zunächst war es noch ganz harmlos, sie ging mit Freundinnen
shoppen – wie tausende anderer
Girls auch. „Aber dann fingen die
20 anderen an, über mich zu lästern
und Witze zu machen, weil ich
immer massenhaft Einkaufstüten
nach Hause schleppte – viel mehr
als sie!"
25 Maria zieht sich von ihrer Clique
zurück, sie wird einsam.
Glückliche Momente erlebt sie
nur, wenn sie neue Sachen gekauft
hat. Doch dieses Glück ist trüge-
30 risch. „Wenn ich die Sachen zu
Hause hatte, war der Glamour ver-
schwunden. Es waren nur noch
unnütze Dinge, die ich da nach
Hause gebracht hatte. Make-up,
35 Pullover, teure Beauty-Masken,
Schuhe: Plötzlich hatte das Zeug

gar keinen Sinn mehr. Aber am nächsten Tag ging es wieder von vorne los …"

40 Mit 50 Euro Taschengeld kann Maria ihre Einkaufssucht nicht finanzieren. Aber sie findet andere Quellen: Sie ist Einzelkind und ihre Großeltern stecken ihr immer

45 wieder etwas zu. Sie leiht sich auch häufiger etwas von Freunden, aber es gibt oft Zoff, weil sie das Geld nicht zurückgibt, sondern nur immer noch mehr

50 kauft.
Mit 17 verdiente Maria selbst Geld und da ging es erst richtig los. Ihre Eltern meinten, dass es gut ist, wenn ihre Tochter lernt,

55 mit Geld umzugehen, und sie mischten sich nicht ein.
Wenn Maria in ihrem Kleiderschrank keinen Platz mehr hatte, stopfte sie die Sachen, die sie

60 manchmal nur ein einziges Mal getragen hatte, in große Säcke und brachte sie zur Altkleidersammlung. Das gab endlich wieder Platz für die nächsten Einkäu-

65 fe. Vor allem Sonderangeboten kann Maria nicht widerstehen. Statt nur einer neuen Handyschale kauft sie gleich fünf.

Irgendwann entdeckte Maria das
70 Internet: aussuchen, bestellen und irgendwann zahlen […]
„Manchmal hatte ich keine Ahnung mehr, wie viel Geld ich schon ausgegeben hatte und wie
75 viel noch da war."
Die Geldsorgen bedrücken Maria immer stärker. Sie verbringt schlaflose Nächte und malt sich ihre Zukunft in den dunkelsten
80 Farben aus.
„Ich sah mich oft mit hohen Schulden, ohne die Möglichkeit, ein ganz normales Leben zu führen. Aber das Shopping konnte ich
85 trotz dieser Ängste einfach nicht aufgeben."
Maria macht zwar erste verzweifelte Versuche, aus eigener Kraft von ihrer Kaufsucht loszukom-
90 men. „Ich verordnete mir selbst ein ,Stadtverbot' oder ging los, ohne Geld mitzunehmen. Doch dann stand ich wie gebannt vor den bunt dekorierten Schaufens-
95 tern und schrieb Listen mit all den Dingen, die ich dabei entdeckte. Ich würde sie mir kaufen, wenn ich wieder Geld dabeihätte! Kaufen war alles, was für mich noch
100 zählte."

Aber das tolle Gefühl beim Einkaufen verfliegt immer schneller, wie bei einer Drogensucht braucht Maria immer höhere Dosen, kauft
105 immer mehr, immer schneller. Und dann sitzt sie zu Hause auf ihrem Bett und weiß: Nichts hat sich durch ihre Einkäufe geändert, gar nichts! „Ich fühlte mich sogar
110 noch elender als vor dem Kaufrausch."
Dieses „Auf und Ab" der Gefühle macht Maria allmählich ganz verrückt: „Ich brach immer häufiger
115 ganz plötzlich in Tränen aus, wurde nervös, fing an zu zittern und konnte mich schließlich kaum noch konzentrieren."
Schließlich schicken ihre Eltern
120 sie zu einer Ärztin und ihr erzählt Maria nach ein paar Sitzungen alles. „Für mich war das wie eine Erlösung." Die Ärztin bringt Maria in Kontakt zu einem Thera-
125 peuten, der sich mit dem Problem Kaufsucht auskennt. Nach der ersten Sitzung hat sie schon angefangen, etwas zu ändern: „Ich leihe mir kein Geld mehr von mei-
130 nen Freunden und habe ihnen schon fast alles zurückgezahlt. Aber das ist nur ein Anfang …"

d Notiert für 1–5, ob ihr die Aussage für richtig oder falsch haltet.

1. Maria denkt, dass sie ein Star ist, wenn sie viel einkauft.
2. Marias Freundinnen können sie nicht leiden.
3. Wenn Maria viel eingekauft hat, ist sie glücklich.
4. Maria hat ein gutes Verhältnis zu ihren Eltern.
5. Nach der ersten Sitzung mit einem Therapeuten ist Maria schon fast geheilt.

> Das ist nicht ganz richtig. Ich glaube, dass Maria nicht wirklich glücklich sein kann.

6 Aktivitäten nach dem Lesen

Was möchtet ihr nach dem Lesen dieses Textes tun?
– Rollenspiel: Mit Maria darüber diskutieren, wie man ihr helfen könnte.
– Diskutieren, ob die Medien und die Werbung für die „Kaufsucht" mitverantwortlich sind.
– Die Geschichte von jemand erzählen, dem es wie Maria gegangen ist.
– Einen Brief an die kanadische Organisation „adbusters.org" schreiben, die den „Kauf-nichts-Tag" vorgeschlagen hat: Man soll 24 Stunden nichts kaufen.
– …

7 Wenn ich eine Million …

a Lest das Gedicht. Die gelb markierten Zeilen müsst ihr noch ergänzen.

b Hört zu und vergleicht mit euren Lösungen.

c Schreibt ein Gedicht nach dem Modell und ergänzt eure Wünsche und Ideen.

> Ich würde eine Weltreise machen.

> Ich würde mir … kaufen und ich würde …

Wenn ich eine Million gewönne,
wüsste ich genau,
was ich zu tun hätte …
 Erstens würde ich …
Zweitens würde ich mir ein neues Radio,
ein Mofa,
einen Plattenspieler,
einen Flipper-Automaten,
ein Motorboot,
ein Segelflugzeug,
eine Gitarre,
eine Taucherausrüstung,
eine Skiausrüstung,
und vielleicht auch noch
ein kleines,
schnittiges
Rennauto kaufen.
 Und natürlich …
Roswitha Fröhlich

8 Konjunktiv II – Vergleicht die Verbformen und ergänzt dann die Sätze rechts.

Realität (Indikativ)

1. Ich habe kein Geld. Deshalb kann ich nichts den Armen geben.
2. Ich habe kein Geld. Ich kann mir keine neuen Klamotten kaufen.
3. Claudia ist erst 16. Sie darf nicht Auto fahren.
4. Ich weiß nicht, wo der Bahnhof ist. Ich kann es Ihnen leider nicht sagen.
5. Hier gibt es Moskitos. Hier zelten wir nicht!

keine Realität (Konjunktiv II)

Wenn ich … hätte, würde ich … geben.

Wenn ich … hätte, könnte ich … kaufen.

Wenn … 18 wäre, dürfte sie … fahren.
Wenn … wüsste, wo … ist, würde ich … sagen.

Wenn es … gäbe, würden wir … zelten.

9 Konjunktiv II: Gebrauch – Seht euch die Situationen an. Vergleicht mit eurer Muttersprache.

> Du solltest wieder zum Frisör gehen!

> Könnten Sie mir bitte helfen? Der Koffer ist zu schwer.

> Wenn der Bus nicht kommt, könnten wir doch den Zug nehmen, oder?

> Einverstande

10 Höfliche Bitte, Ratschlag, Vorschlag – Schreibt die Sätze mit dem Konjunktiv II. Was ändert sich?

1. Gib mir ein Glas Wasser!
2. Du musst ein paar Kilo abnehmen.
3. Wir machen am Wochenende eine Fahrradtour.
4. Fahr nicht so schnell.
5. Wir machen die Hausaufgaben zusammen.
6. Komm bitte mal her.

11 **Ratschläge – Was *würdet* ihr dem Mädchen raten? Ihr *solltet* die Stichwörter zu Hilfe nehmen.**
Polizei – Arzt – Schokolade –
Zimmer aufräumen – schlafen

1. Meine Jeans ist schon wieder zu eng.
2. Ich bin heute total müde.
3. Mist, jemand hat mein Fahrrad geklaut.
4. Wo ist bloß mein Handy, ich kann es einfach nicht finden.
5. Meine Halsschmerzen gehen nicht weg.

12 **Träume, Wünsche – Sucht euch einen Satzanfang aus. Schreibt die Aussage.**

Es wäre ...	schön/toll/genial/fantastisch/ein Riesenfortschritt ... traurig/schlimm/furchtbar/blöd ... eine Katastrophe / eine Schweinerei	, wenn ...

Es wäre furchtbar, wenn wir nie mehr Schule hätten. Es wäre furchtbar schön, wenn wir ...

13 ***Man könnte/müsste ...* – Was könnte man alles in eurem Klassenzimmer, der Schule, der Stadt etc. verändern?**

14 **Gibt es ein Problem? Hört und übt die Aussprache. Was ist *es*, was ist *ihn*?**

● Wenn ich du wäre, würde ich *es* Peter sagen.
○ Was sagen?
● Na, das mit der Party und dass du *ihn* ihr gegeben hast ...
○ Was gegeben? Und wem?
● Na, du weißt schon ... Maria!
○ Ich? Nein. Ich habe *ihn* Maria nicht gegeben, ich wollte *ihn* ihr geben, aber ich habe es nicht getan.
● Na ja, wenn das so ist, dann brauchst du *es* ihm auch nicht zu erzählen – prima.

15 **Pronomen als Ergänzungen: Akkusativ und Dativ**
   a Vergleicht die Sätze und findet eine Regel.

1. Schenkst du deiner Freundin   die Kette ?   2. Ja, ich schenke sie   ihr .

   b Ersetzt die Pronomen mit konkreten Angaben.

1. Ich habe *sie* mir gekauft.
2. Wir wollten *ihn* uns am Wochenende ansehen, aber wir hatten keine Zeit.
3. Hast du *es* deinen Eltern erzählt?
4. Der Verkäufer hat *sie* uns vorgespielt, aber ich fand sie nicht so gut.
5. Ich hab *ihn* dir gestern gezeigt. Erinnerst du dich nicht?
6. Könntest du *sie* mir bis Montag leihen?
7. Du solltest *sie* dir nicht zu kurz schneiden lassen.

die CD
die Hose,
die Schuhe
...

16 Kaufen und verkaufen

a Hört den Dialog. Lest laut und übt die Intonation.

○ Kann ich Ihnen helfen?

● Ich interessiere mich für die Gitarre. Kann ich sie mal sehen?
Die ist nicht schlecht.

○ Nicht schlecht??? Schauen Sie, das ist ein echtes
Schnäppchen, eine original Hendrix aus den USA,
sehr selten. So eine Gelegenheit bekommen Sie nie
wieder. Das ist ein Superangebot, die Gitarre ist
spottbillig und sieht fast aus wie neu!

● Hm, was soll sie denn kosten?

○ Also, da haben Sie Glück! Ich gebe sie Ihnen
für 250 Euro, da können Sie nicht meckern,
das ist ein Traumangebot, fast geschenkt. Die ist echt wertvoll.

● 250 Euro! Und wenn da etwas nicht in Ordnung ist, kann ich sie dann umtauschen?

○ Umtauschen? Auf dem Flohmarkt wird nichts umgetauscht. Keine Angst, die Gitarre ist
super in Schuss, da ist überhaupt nichts dran, eine einmalige Gelegenheit, also?

● Also gut, können Sie mir die Gitarre bitte zurücklegen? Ich muss erst nach Hause und
Geld holen … oder nehmen Sie auch Kreditkarten?

○ Nee, nee, bar auf den Tisch … und eine Anzahlung müsste ich schon haben, sagen wir, 50 Euro?

● Na gut, so viel habe ich gerade noch bei mir. Also, bis gleich und passen Sie gut auf das
Schmuckstück auf!

b Sammelt aus dem Dialog Redemittel zum Thema „Kaufen und Verkaufen".

> Käufer:
> Ich interessiere mich für …
> …

> Verkäufer:
> Kann ich Ihnen helfen?
> Ein echtes Schnäppchen …

17 Klassenbasar

Bringt je einen Gegenstand mit,
den ihr gerne verkaufen würdet.
Beschreibt seine Vorteile, um die
Käufer zu überzeugen. Die drei
originellsten Verkäufer gewinnen.

> Also, das ist das beste Deutschbuch
> auf der ganzen Welt. Mehr als 120 Seiten
> tolle Texte, Übungen, Bilder und echte
> Fotos. Ein seltenes Original aus …

18 Kunde und Verkäufer – Eine/r ist Kunde/-in, alle anderen sind Verkäufer. Die Verkäufer müssen Alternativfragen stellen, der Kunde wählt eine Alternative aus.

Kunde
● Guten Tag, ich hätte gern ein Auto.
● Ein neues natürlich!
● Ein deutsches.
● Mit Benzin.
● Einen Kombi.
● Dunkel.
● …

Verkäufer (alle Schüler)
○ Ein altes oder ein neues?
○ Ein deutsches oder ein französisches?
○ Soll es mit Diesel oder mit Benzin fahren?
○ Einen Kombi oder eine Limousine?
○ Soll die Farbe hell oder dunkel sein?
○ Schwarz oder grau?

Wenn den Verkäufern nichts mehr einfällt, kommt der nächste Kunde dran.

19 Projekt: Schnäppchenjäger

Was kosten Dinge, die ihr jeden Tag braucht, bei euch und in Deutschland/Österreich/der Schweiz?
Recherchiert im Internet. Wer ist der beste „Schnäppchenjäger" und findet die billigsten Angebote?

Zusammenfassung

1 Ich kann jetzt …

… über ein Kunstwerk sprechen.
… zu Zitaten bekannter Persönlichkeiten Stellung nehmen.
… über das Thema „Konsum" sprechen.
… die Richtigkeit von Aussagen zu einem Text einschätzen.
… ein Thema aus verschiedenen Perspektiven diskutieren.
… Träume, Wünsche, Visionen ausdrücken.
… Ratschläge geben und Vorschläge machen.

2 Wortfelder: Kaufen und Verkaufen

der (Einkaufs-)Bummel	aussuchen	preiswert
die Fußgängerzone	bestellen	spottbillig
die Einkaufstüte	zahlen	fast geschenkt
das Kaufhaus / das Warenhaus (CH)	anzahlen	nicht ganz billig
der Kaufrausch	zurücklegen	(zu) teuer
der Laden	umtauschen	wertvoll
das Schaufenster	reklamieren	
das Schnäppchen / das Sonderangebot		

3 Grammatik

a Konjunktiv II

Formen

Alle Verben haben Konjunktiv-II-Formen. Aber nur einige werden in dieser Form gebraucht:
– die Modalverben: *wollen/wollte, können/könnte, dürfen/dürfte, sollen/sollte, müssen/müsste*
– die Hilfsverben: *sein/wäre, haben/hätte* und die Verben *wissen/wüsste* und *geben/gäbe*.
Die anderen Konjunktiv-II-Formen werden fast immer mit *„würde"* + Infinitiv des Verbs gebildet.

Gebrauch

1. Höfliche Bitte
Könntest du bitte das Fenster schließen, mir ist kalt.
Würden Sie vielleicht etwas leiser sprechen, das ist eine Bibliothek!

2. Ratschlag/Aufforderung/Vorschlag
Du könntest ruhig ein bisschen höflicher sein. Es ist schließlich deine Deutschlehrerin.
Du solltest mal wieder deine Schuhe putzen, findest du nicht?
Wir könnten doch mal wieder nach Hamburg fahren, oder??

3. Irreal (Wünsche/Träume)   Realität
Wenn ich Zeit hätte, würde ich dich besuchen.   Aber ich habe keine Zeit.
Ich würde am liebsten im Bett bleiben.   Aber ich muss in die Schule gehen.

b Akkusativergänzung (Pronomen) und Dativergänzung

Ich schenke   meiner Freundin   eine Rose .
Ich schenke   ihr   eine Rose .

Ich schenke   sie   meiner Freundin .
Ich schenke   sie   ihr .

Wenn die Akkusativergänzung ein Pronomen (*sie/es* …) ist, dann steht sie vor der Dativergänzung.

Map labels: DÄNEMARK, NIEDERLANDE, BELG., LUX., FRANKREICH, SCHWEIZ, Hamburg, Bremen, Hannover, Düsseldorf, Frankfurt, Stuttgart, München, BUNDES-REPUBLIK DEUTSCHLAND, DEUTSCHE DEMOKRATISCHE REPUBLIK, Berlin, Leipzig, POLEN, TSCHECHO-SLOWAKEI, ÖSTERREICH, Elbe, Weser, Saale, Main, Neckar, Donau

1 Das Reichstagsgebäude in Berlin – Ein Haus im Zentrum der deutschen Geschichte. Welche Zeilen im Text passen zu welchem Foto?

2 Eine Zeitleiste – Wichtige Daten in der Geschichte des Reichstags
Notiert die Ereignisse auf Karten und ordnet sie auf einer Zeitleiste ein.

Nach Gründung des Kaiserreichs 1871 entwickelte sich Deutschland zu einem Industriestaat. Reichskanzler Bismarck und später Kaiser Wilhelm der Zweite bestimmten die Politik. Zwar ließ der Kaiser 1894 für
5 das Parlament ein Haus bauen, der „Reichstag" hatte aber wenig zu sagen. Zum Beispiel hatte er nicht das Recht, den Kanzler zu wählen. Nachdem Deutschland 1918 den Ersten Weltkrieg verloren hatte, musste der Kaiser ins Exil gehen. Die Monarchie war am Ende.

10 Der sozialdemokratische Politiker Philipp Scheidemann rief am 9. November 1918 vom Balkon des Reichstags: „Es lebe die deutsche Republik!" Die „Weimarer Republik" war die erste demokratische Republik in Deutschland. Die Frauen bekamen 1919
15 das Wahlrecht. Wegen der Weltwirtschaftskrise 1929 wurden die antidemokratischen Parteien stärker. Im Januar 1933 wurde der Führer der Nazis, Adolf Hitler, Kanzler des Deutschen Reiches. Am 27. Februar 1933 brannte der Reichstag. Hitler machte die Kommunis-
20 ten dafür verantwortlich, verbot alle Parteien außer der NSDAP und ließ politische Gegner, Juden und andere Minderheiten verfolgen. Deutschland war jetzt eine Diktatur.
Mit dem Angriff Deutschlands auf Polen begann 1939
25 der Zweite Weltkrieg, in dem über 55 Millionen Menschen starben. Mehr als sechs Millionen Menschen wurden in deutschen Konzentrationslagern ermordet. Der Reichstag, der wieder aufgebaut worden war, wurde im Krieg wieder zerstört. Am Ende des Krieges,
30 1945, wurde Deutschland besetzt. Aus den Zonen der Franzosen, Briten und Amerikaner wurde 1949 die „Bundesrepublik Deutschland", aus der russischen Zone gleichzeitig die „Deutsche Demokratische Republik" (DDR).
35 Der Reichstag wurde nach 1949 wieder aufgebaut. Direkt hinter dem Reichstag war die Grenze zwischen Westberlin und Ostberlin. Das westdeutsche Parlament war nun in Bonn. Die DDR machte Ostberlin zu ihrer Hauptstadt. Weil es keine politische Freiheit und viele
40 wirtschaftliche Probleme gab, versuchten viele Menschen, die DDR zu verlassen. 1961 baute die Regierung der DDR dann eine Mauer auf die Grenze. Es war jetzt für Ostdeutsche praktisch unmöglich, in den Westen zu reisen. Die Mauer teilte fast 30 Jahre die Stadt.
45 Nachdem 1989 tausende von Menschen die DDR über Ungarn verlassen hatten und nach wochenlangen Protesten in den Städten der DDR, besonders in Leipzig, wurde die Grenze geöffnet. Am 3. Oktober 1990 wurde vor dem Reichstag gefeiert. Die Mauer war
50 weg. Die DDR existierte nicht mehr, Deutschland und Berlin waren jetzt nicht mehr geteilt. Das Künstlerehepaar Christo und Jeanne-Claude verpackte den Reichstag in einer spektakulären Aktion. Der verpackte Reichstag war *die* Berliner Touristenattraktion des Jah-
55 res 1995. Die deutsche Regierung zog einige Jahre später, 1999, von Bonn nach Berlin.
Bevor das deutsche Parlament in den Reichstag einziehen konnte, musste das Gebäude komplett umgebaut werden. Das Haus bekam eine Kuppel aus Glas, in die
60 die Menschen hineingehen und den Abgeordneten bei der Arbeit zusehen können. Zusammen mit dem Brandenburger Tor ist das Dach des Reichstags heute das meistfotografierte Symbol Berlins.

3 Aussagen zur deutschen Geschichte – Zwei sind nicht richtig. Korrigiert sie.

1. Das Deutsche Kaiserreich wurde 1871 gegründet.
2. Im Kaiserreich hatte der Reichstag wenig Rechte.
3. Schon vor 1919 durften die Frauen in Deutschland wählen.
4. Nach der Weltwirtschaftskrise von 1929 wurden Parteien stärker, die gegen die Demokratie waren.
5. Ende 1990 existierte die „Deutsche Demokratische Republik" nicht mehr.
6. Im Jahre 1995 zog die deutsche Regierung von Bonn nach Berlin um.

4 Historische Ereignisse in Deutschland

a Ordnet die Jahreszahlen den Aussagen a–g zu.

1945   a) Am Ende des 2. Weltkrieges wurde Deutschland besetzt.
1919   b) Die politischen Parteien wurden von der NSDAP-Regierung verboten.
1933   c) Nach dem Ende der Monarchie wurde Deutschland eine Republik.
1949   d) Nach Protesten, besonders in Leipzig, öffnete die DDR die Grenze zur BRD.
1918   e) In der Zeit der Weltwirtschaftskrise wählten viele Menschen die Nationalsozialisten.
1989   f) Wegen des politischen Systems und wegen der ökonomischen Probleme versuchten nach der Gründung der DDR viele Menschen nach Westdeutschland, in die BRD, zu flüchten.
1929   g) In der Weimarer Republik bekamen die Frauen das Wahlrecht.

b Geschichtsquiz im Kurs – Wer kann die vier Fragen am schnellsten beantworten?

1. Von wann bis wann war Deutschland ein Kaiserreich? 2. Wie lange existierte die Weimarer Republik?
3. Wann war der Zweite Weltkrieg zu Ende? 4. Wann wurde die DDR gegründet?

c Notiert noch drei Fragen zum Text, tauscht sie in der Klasse und beantwortet die Fragen einer anderen Gruppe.

1. Was passierte ...   2. Wer ...

5 Bevor oder nachdem? Schreibt die Sätze richtig auf.

Bevor ... | ... das Kaiserreich gegründet worden war, wurde Deutschland zum Industriestaat.
            ... Hitler Kanzler geworden war, brannte der Reichstag.
            ... die Weimarer Republik gegründet worden war, durften Frauen nicht wählen.
Nachdem ... | ... der Reichstag gebrannt hatte, baute man ihn wieder auf.
            ... die Bundesrepublik gegründet worden war, war das deutsche Parlament in Bonn.
            ... die Mauer offen war, hatten tausende die DDR verlassen.

6 Wortschatz systematisch

a Sucht im Text auf Seite 57 die Namen für Staatsformen in Deutschland und nennt Beispiele für diese Staatsformen in der Gegenwart.

b Der Text enthält auch wichtige Wörter zum Wortfeld „Politik". Ergänzt die Aussagen 1–8 mit Wörtern aus dem Text. Die Zeilenangaben helfen.

1. In Deutschland haben die Menschen ab 18 Jahren das [?].	Zeile 15
2. In einer [?] gibt es ein Parlament.	12
3. Die Mitglieder des Parlaments nennt man [?].	60
4. Von 1933–1945 war Deutschland eine [?].	23
5. Der Chef der deutschen Regierung ist der [?].	7
6. Im Parlament sitzen Vertreter der [?]	16
7. Die Wähler wählen [?].	5
8. Das Parlament wählt [?].	55

7 Geschichte „offiziell" und „privat". Was wisst ihr über die Zeit von 1930 bis 1950 in eurem Land, eurer Region, euren Familien? Sammelt Informationen.

8 Interview mit Elisabeth Funk (*1928) – Das Hören vorbereiten.

Frau Funk berichtet über das Dorfleben in den 30er- und 40er-Jahren des 20. Jahrhunderts.

a Lest die Zeitleisten. Welche Wörter passen zu den Fotos?
b Sammelt Informationen über Frau Funk: Eltern, Lehrer, Freizeit, Mitschüler.

Zeitleiste: Deutsche Geschichte		Zeitleiste: Persönliche Geschichte
Die Nationalsozialisten bauen ihren Staat auf. 1933 beginnt die Verfolgung der Juden und der politischen Gegner der Nazis in Deutschland.	**1933–1939** 	Elisabeth wohnt in einem Dorf in Hessen. Ihre Eltern haben einen kleinen Bauernhof. Davon kann man aber nicht leben. Deshalb arbeitet ihr Vater auch bei der Post. 1934 kommt sie in die Schule. Die Lehrer sind streng. Die meisten Schüler haben Angst vor ihnen. Die Prügelstrafe gehört zum Alltag. Ihre Freizeit müssen die Jugendlichen in den Jugendorganisationen der NSDAP verbringen, die Jungen in der Hitlerjugend (HJ), die Mädchen im Bund Deutscher Mädel (BDM).
Mit dem deutschen Überfall auf Polen beginnt der Zweite Weltkrieg.	**1939–1940** 	Elisabeth ist elf Jahre alt. Wie alle Kinder im Dorf muss sie vor der Schule und nach der Schule in der Landwirtschaft mitarbeiten.
Die deutschen Armeen erobern den größten Teil Europas. Aus den Konzentrationslagern für Juden und politische Gegner werden Vernichtungslager, in denen die Nazis sechs Millionen Menschen ermorden. Viele europäische Städte werden bombardiert. In Europa werden 1700 Städte durch Bomben zerstört. Während des Krieges helfen Jugendliche in den zerstörten Städten. Am Ende des Krieges müssen sie in Deutschland sogar als Soldaten kämpfen.	**1941–1945** 	Im Oktober 1943 fährt Elisabeth mit ihrer BDM-Gruppe nach Kassel und sieht zum ersten Mal eine bombardierte Stadt, in der kurz zuvor 10.000 Menschen gestorben waren. Ihr Vater ist nicht in der NSDAP, deshalb bekommt er einen schlechteren Arbeitsplatz. Elisabeth muss mit 14 Jahren in einer Munitionsfabrik arbeiten. Danach arbeitet sie in einem Kinderheim in Eisenach. Als die Stadt 1944 bombardiert wird, bleibt sie im Dorf. Aber wegen der Tiefflieger ist die Arbeit auf dem Bauernhof jetzt auch gefährlich.
Am 8. Mai 1945 ist der Krieg in Europa zu Ende. Deutschland wird in vier Zonen geteilt. Die meisten Schulen sind kaputt. Es gibt kein Dach über dem Kopf. 1949 entstehen aus den vier Besatzungszonen zwei deutsche Staaten: die Bundesrepublik Deutschland und die Deutsche Demokratische Republik.	**1945–1949** 	Als der Krieg vorbei ist, beginnt Elisabeth eine Lehre in einem Diakonissenhaus in Kassel. Sie lernt Hauswirtschaft. Auf dem Bauernhof ist viel Arbeit. Deshalb holen ihre Eltern sie nach einem Jahr zurück. Ausbildung und Berufsleben sind für sie damit beendet. Während der 50er-Jahre heiratet Elisabeth im Dorf und bekommt zwei Kinder.

9 Im Interview spricht Frau Funk über die Schule, die Kriegszeit und über das Thema „Beruf".

a Wörterbucharbeit – Stichwörter aus dem Interview: Klärt die Bedeutung.

Schule	Kriegszeit	Beruf
aufspringen	Hitlerjugend/BDM	Selbstversorger
„Heil Hitler!"	Lieder	Landwirtschaft
Totenstille	Wehrmachtsbericht	Vater und die Nazis
NSDAP	bombardieren	Munitionsfabrik
Prügel	Aufräumungsarbeiten	Kinderheim
Stock	Tiefflieger	Diakonissenhaus/Hauswirtschaft

b Hört das Interview und sammelt Informationen zu den Stichwörtern.

c Genau hören – Hört noch einmal und findet die Antworten auf die vier Fragen.

1. Was war für die Jugendlichen attraktiv am BDM?
2. Welche Informationen gibt Elisabeth über die Schule und die Lehrer in der Nazi-Zeit?
3. Was erfahren wir über Elisabeths Vater?
4. Was bedeutete der Kriegsalltag für die Familien auf dem Land und in der Stadt?

d Was sagt Frau Funk über das Thema „Frauen und Beruf" im Nazi-Staat?

1. Bevor sie in die Schule gingen, mussten Mädchen …
2. Nach der Schule hatten sie meistens keine Freizeit, stattdessen …
3. Am Ende des Krieges mussten Mädchen schon mit 14 Jahren …
4. Besonders schwer war es für Mädchen auf dem Land, weil …

Elisabeth Funk (*1928)

10 Wählt ein Stichwort aus dem Interview aus und kommentiert die Informationen.

Jugendliche in der Nazi-Zeit
In der Zeit von 1933 bis 1945 lebten auch Jugendliche ganz anders als heute. Sie …

Freizeit
Elisabeth berichtet in dem Interview über ihre Freizeit. In ihrer Jugend …

Schule
In dem Interview geht es auch um die Schule in der Nazi-Zeit. Typisch war, dass …

11 Projekt: *Als ich geboren wurde …* – Fragt eure Eltern und sammelt Informationen und Fotos. Schreibt kurze Texte und macht eine Ausstellung im Kurs.

12 Das Plusquamperfekt: die Zeit vor der Vergangenheit

a Vergleicht das Plusquamperfekt und das Perfekt und ergänzt die Regel.

Elisabeths Vater **hat** einen schlechteren Arbeitsplatz **bekommen**.
Elisabeths Vater **hatte** einen schlechteren Arbeitsplatz **bekommen**.
1918 **war** der Kaiser ins Exil gegangen.

Das Plusquamperfekt bildet man mit … Für *haben/sein* gelten die gleichen Regeln wie beim …

b Das Plusquamperfekt steht oft in Sätzen zusammen mit dem Präteritum. Vergleicht: Was passiert zuerst, was danach?

	Deutschland verlor den Krieg. →	Der Kaiser musste gehen.
	Nachdem Deutschland den Krieg **verloren hatte**,	musste der Kaiser gehen.
oder:	Der Kaiser musste ins Exil gehen,	nachdem Deutschland den Krieg **verloren hatte**.
	Als Deutschland den Krieg **verloren hatte**,	musste der Kaiser gehen.
oder:	Der Kaiser musste gehen,	als Deutschland den Krieg **verloren hatte**.

13 Ein ganz normaler Schultag
Reihenübung: Gebt das Wort weiter und ergänzt die Sätze.

Tasche packen

Schlüssel suchen

H
BUS
zum Bus laufen / in die Schule fahren

SCHULE
in der Schule ankommen

5
sehen, dass: die Sportsachen vergessen haben

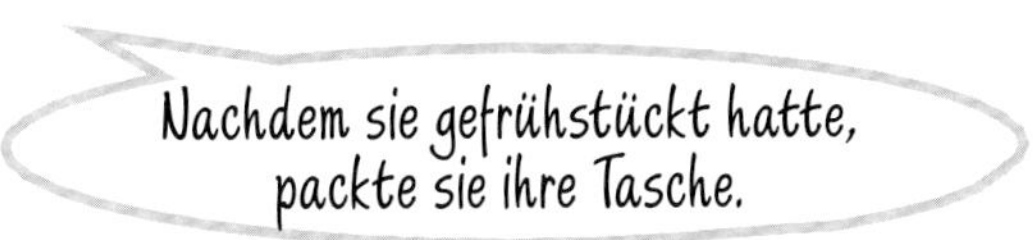
Nachdem sie gefrühstückt hatte, packte sie ihre Tasche.

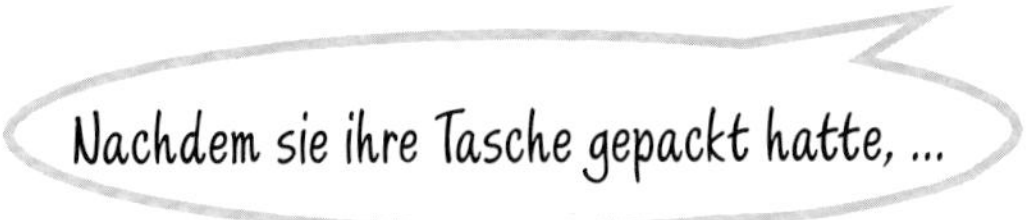
Nachdem sie ihre Tasche gepackt hatte, …

14 *Während*

a *Während* als Konjunktion – Vergleicht Satz 1 mit 2 und 3. Was ist anders?

1. In der Zeit, in der mein Vater bei VW arbeitete, wohnten wir in Dresden.
2. Während mein Vater bei VW arbeitete, wohnten wir in Dresden.
3. Meine Mutter arbeitete im Büro, während mein Vater arbeitslos war.

b *Während* + Nomen im Genitiv – Lest 1–3 und sucht im Text S. 59 weitere Beispiele.

1. der Unterricht   Während **des** Unterrichts
   schreibe ich viel mit.
2. das Konzert   Während **des** Konzerts
   habe ich mich auf die Musik konzentriert.
3. die Pause   Während **der** Pause
   habe ich etwas gegessen.

c Was sollte man nicht gleichzeitig tun? Schreibt die Sätze.

Während des Autofahrens sollte man (nicht) …
Während des Lernens …
Während der Ferien …
Während des Essens …
Während der Mittagspause …

Wenn man Auto fährt, sollte man nicht …

15 Sätze mit Zeitangaben

a Findet Aussagen zu diesen Ereignissen im Text auf Seite 57 und ergänzt die Sätze.

Während des Krieges …
Am Anfang des Jahres 1933 …
Ende der 20er-Jahre …
Am Ende des Jahres 1989 …

b Zeitangaben wiederholen – In den Texten auf Seite 57 und 59 gibt es viele Zeitangaben. Sammelt Beispiele und macht eine Liste.

Nach Gründung des Kaiserreichs …

16 Minikrimis – Schreibt die Geschichte oder erfindet eigene kurze Geschichten.

Wir hatten uns schon lange auf den Abend gefreut.

Wir wollten ...   das Konzert / 2 Stunden
Während ...   die Wohnung / Einbrecher /
Als wir ...   die Tür aufbrechen / stehlen /
            die Polizei / anrufen /
            die Versicherung

17 Gründe nennen

a Vergleicht die Sätze 1–3.

1. *weil* + Nebensatz   **Weil** das Wetter heute so schön (ist), machen Kevin und Carla einen Ausflug.

2. *deshalb*   Das Wetter ist schön heute. **Deshalb** ⟨machen⟩ Kevin und Carla einen Ausflug.

3. *wegen* + Genitiv   **Wegen** des schönen Wetters ⟨machen⟩ Kevin und Carla einen Ausflug.

b Eine Entschuldigung schreiben – Begründungen

1. Arzttermin
2. Zahnschmerzen
3. wichtiger Termin
4. eine Erkältung
5. Familienfest

> Sehr geehrte Frau Winter,
> ich habe heute einen Arzttermin. Deshalb
> kann ich nicht zum Unterricht kommen.

> Sehr geehrte Frau Winter,
> wegen eines Arzttermins kann ich heute nicht zu ...

18 Geschichte im Internet: ein Schulprojekt – Lest den Text und berichtet über den Geschichtsunterricht an der Münchener Schule.

Geschichtsunterricht ist am Louise-Schroeder-Gymnasium in München Internetunterricht. Die Aufgaben, das Material, die Fotos und die Referate der Schüler – alles ist im Netz. Die Schüler recherchieren Texte und besuchen vir-

tuelle Museen. Es beginnt in der Klasse 6. Hier geht es um die Geschichte der Griechen und Römer. In der Klasse 9 und 10 bearbeiten die Schüler die deutsche Geschichte im 20. Jahrhundert. Die Klasse 10 hat Plakate und Fotos über die 50er-Jahre in der Bundesrepublik Deutschland gefunden.

19 Plakate und Fotos aus den 50er-Jahren

a Was sagen die Abbildungen über die Menschen in dieser Zeit?

1. Was hat sie interessiert?
2. Was waren wichtige politische Themen?
3. Wie haben die Menschen gewohnt und gearbeitet?

b Wählt ein Foto oder Plakat, das euch gefällt, und beschreibt es genauer.

20 Westdeutschland in den 50er-Jahren – Hört den Kommentar eines Historikers und notiert die Informationen, die zu den Bildern passen.

21 Zwei Projektvorschläge

1. Einen virtuellen Museumsbesuch planen und durchführen: www.hdg.de.
2. Plakate und Fotos aus den 50er-Jahren aus dem eigenen Land sammeln und vorstellen.

Zusammenfassung

1 Ich kann jetzt …

… Aussagen zu Ereignissen in der Vergangenheit machen.
… Informationen über deutsche Geschichte des 20. Jahrhunderts verstehen und wiedergeben.
… Ereignisse chronologisch geordnet in Texten beschreiben.
… mit einem authentischen Interview arbeiten.
… Gründe nennen.
… offizielle Entschuldigungen schreiben.

2 Wortfeld: Staat und Politik

Staatsnamen	Staatsformen	Personen und Institutionen
das Deutsche Kaiserreich	die Diktatur	das Parlament, die Abgeordneten
die Weimarer Republik	die Demokratie	der Kanzler, die Regierung
die Bundesrepublik Deutschland	die Republik	der Reichstag
die Deutsche Demokratische Republik	die Monarchie	der Kaiser

3 Grammatik

a Plusquamperfekt: Hauptsatz und Nebensatz mit *nachdem* oder *als*

Nachdem man den Reichstag renoviert hatte, zog das deutsche Parlament nach Berlin.

Das deutsche Parlament zog nach Berlin, nachdem man den Reichstag renoviert hatte.

Als Deutschland den 1. Weltkrieg verloren hatte, musste der Kaiser gehen.

Nachdem der Kaiser ins Exil gegangen war, wurde Deutschland Republik.

Plusquamperfekt mit *haben* oder *sein*? Die Regeln sind wie beim Perfekt.

b Konjunktion: *während*

Während mein Vater bei VW arbeitete, wohnten wir in Dresden.
Meine Mutter arbeitete in einem Büro, **während** mein Vater arbeitslos war.

c Sätze mit chronologischen Angaben: *als*

Als der Krieg vorbei war, wurde Deutschland geteilt.

d Sätze mit chronologischen Angaben: *während* + Genitiv

Während des Krieges mussten viele Menschen hungern.

e Gründe nennen: *wegen* + Nomen im Genitiv

Wegen eines Arzttermins kann ich heute nicht zum Kurs kommen.

f Gründe nennen: *deshalb*

Das Wetter ist schön heute. **Deshalb** machen wir einen Ausflug.

a) Als deutscher Tourist im Ausland steht man vor der Frage, ob man sich anständig benehmen muss oder ob schon andere deutsche Touristen da gewesen sind.
Kurt Tucholsky

b) Reisen ist tödlich für Vorurteile.
Mark Twain

c) Steigst du nicht auf die Berge, so siehst du auch nicht in die Ferne.
Fernöstliches Sprichw

1 Thema „Reisen" – Lest die Zitate, wählt je eines aus und erklärt die Aussage an einem Beispiel.

> Mark Twain meint, dass man beim Reisen viele neue Informationen über die Menschen bekommt. Und deshalb ...

2 Marika, Simon, Alexandra und Klaus erzählen von Reisen – Hört zu und ordnet zu.

Gruppe A: Welche Bilder passen zu welchen Aussagen?
Gruppe B: Welche Zitate passen zu welchen Aussagen?

(d) Eine Reise von tausend Meilen beginnt mit einem einzigen Schritt.

Laotse

(e) Man soll reisen, bevor man einen Medikamentenkoffer braucht.

Walter Sedlmayr

(f) Touristen sind Leute, die an den Äquator reisen, um nach einer schattigen Stelle zu suchen.

Wolfram Weidner

3 **Warum reisen Menschen gerne? Sammelt Gründe in der Klasse.**

Ich finde es toll, etwas anderes zu entdecken.

Viele Menschen wollen in die Sonne fliegen und ihre Ruhe haben.

4 **Welche Wörter kennt ihr? Seht euch das Beispiel an und macht dann ein Lernplakat in der Klasse.**

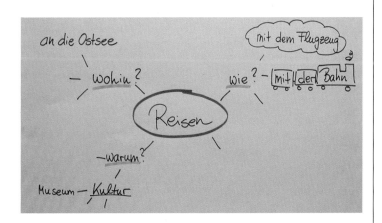

5 Lest 1–9 und hört die vier Reiseberichte aus Aufgabe 2 noch einmal.

a Wer sagt das?

1. Sie findet es ganz in Ordnung, mit ihren Eltern zu verreisen.
2. Er hätte beinahe seinen Pass vergessen.
3. In Venedig ist es möglich, viele Wege mit Booten zu fahren.
4. Sie hatte Angst, mit dem Ballon zu fahren.
5. Ferien zu Hause können auch Spaß machen.
6. Im nächsten Jahr will er wieder dorthin fahren.
7. Die Eltern haben versucht, einen Kompromiss zu finden.
8. Ich fand es gut, die Hauptstadt mit Schiff, Bus und U-Bahn kennen zu lernen.
9. Meine Freunde hatten im Urlaub weniger Spaß als ich.

b *Zu* und Infinitiv – Eine Regel finden
Lest 1–9 noch einmal und
beantwortet die drei Fragen.

1. Wo steht das Verb in Sätzen mit *zu*?
2. Welche Form hat das Verb?
3. Was passiert bei trennbaren Verben?

6 Ich über mich – Was passt zu dir?

a Schreibe fünf Sätze und lies vor.

1. Ich finde es gut,
2. Ich liebe es,
3. Es ist wichtig,
4. Es ist nicht leicht,
5. Ich habe oft keine Lust,
6. Ich habe manchmal Angst,
7. Ich vergesse manchmal,

a) … meinem Freund zum Geburtstag zu gratulieren.
b) … über meine Fehler zu sprechen.
c) … einkaufen zu gehen.
d) … abends alleine nach Hause zu gehen.
e) … nett zu sein.
f) … meine Eltern zu verstehen.
g) … anderen zu helfen.

b Bildet neue Sätze mit den Satzanfängen aus 6a.

7 Texte strukturieren

a Zwei Jugendliche schreiben von ihren Reisen. Welche Informationen erwartet ihr?

b Lest jetzt die Texte. Welcher Text ist besser strukturiert?

Text 1
England ist sehr interessant. In der Stadt, wo wir waren, gab es ein Museum. Ich habe auch Englisch gesprochen. Im Norden hat es geregnet. Das Restaurant, in dem wir einmal waren, war sehr teuer. Meine Eltern hatten den Urlaub schon lange gebucht. Am 20. Oktober sind wir losgefahren. Es gab auch eine Kirche und eine Burg. Wir haben Oxford und Cambridge besucht. Das Wetter war gut im Süden. Wir haben uns sehr gefreut auf die Reise. Meine letzte Reise ging nach Südengland. Die Burg ist eine Ruine. Meine Mutter hat jeden Tag Essen gekocht, für das wir auf dem Markt eingekauft haben. Am 02. November waren wir wieder zurück.
Martina, 14, Deutschland

Text 2
Heute ist mein letzter Tag in Salzburg. Hier hat es mir gut gefallen. Ich habe viele nette Leute gefunden und wir haben viel zusammen gemacht. Es ist sehr schön und es gibt auch viel zu sehen, z.B. viele Kirchen, den Mönchsberg, den Dom usw. Und Salzburg hat eine Person, auf die alle sehr stolz sind: Wolfgang Amadeus Mozart. Er war Komponist. In Salzburg gibt es auch sehr gute Cafés, in denen ich die besten Kuchen meines Lebens gegessen habe. Die Stadt ist sogar im Winter schön, obwohl es sehr kalt ist. Mit dem Schnee ist es sehr romantisch. Die Sprache ist manchmal ein Problem, weil ich nicht alles verstehe. Viele sprechen sehr schnell. Und einige Wörter sind anders. Tomate heißt Paradeiser. Aber ich mag die Sprache. Ihr müsst auch einmal Salzburg besuchen.
Valeria, 17, Argentinien

c Verbessert den Text, der nicht gut strukturiert ist, und vergleicht in der Klasse.

– Ordnet die Sätze: Was passt thematisch zusammen? Was passt an den Anfang / ans Ende?
– Verbindet die Sätze mit Konjunktionen: *und, oder, weil, aber, denn …*
– Ergänzt Adjektive, wo das sinnvoll ist: *alt, romantisch, oft, lecker, interessant …*

8 Projekt: Die eigene Stadt/Region vorstellen
a Was könnt ihr berichten?

1. Macht Notizen zu dem, was ihr berichten wollt.
2. Ordnet die Stichwörter in thematische Gruppen.
3. Bringt eure Stichwörter in eine Reihenfolge. Überlegt: Was ist am wichtigsten?
   Was ist für euch oder für andere interessant? Was ist speziell? Was macht neugierig?

b Arbeitet in Gruppen und schreibt einen kleinen Reiseführer.

c Texte bearbeiten – Lest eure Texte genau.

Inhalt/Textlogik: Ist alles Wichtige gesagt und ist die Reihenfolge verständlich?
Grammatik/Rechtschreibung: Je eine/r in der Gruppe achtet auf einen
bestimmten Fehlertyp:

1. Sind die Verbformen richtig (Person, Zeit …)?
2. Haben die Nomen die richtigen Artikel?
3. Präpositionen mit Akkusativ oder mit Dativ?
4. Wo steht das Verb im Satz?
5. Groß- und Kleinschreibung korrekt?
6. Sind die Adjektivendungen richtig?

Unser Reiseführer

Warschau

Was kann man sehen?
Was kann man tun?
Wo kann man essen?
Wo kann man schlafen?
Und vieles mehr …

9 Relativsätze – In den Texten von Aufgabe 7 findet ihr neue Formen von Nebensätzen. Wie werden sie gebildet? Nennt Unterschiede zwischen 1 und 2.

1. In Salzburg gibt es viele `Cafés` . **In** den Cafés ⟨gibt⟩ es sehr guten Kuchen.

   In Salzburg gibt es viele `Cafés` , **in** denen es sehr guten Kuchen ⟨gibt⟩.

   In Salzburg gibt es viele `Cafés` , **wo** es sehr guten Kuchen ⟨gibt⟩.

2. Meine Mutter hat jeden Tag Essen gekocht. Für das Essen haben wir auf dem Markt ⟨eingekauft⟩.

   Meine Mutter hat jeden Tag Essen gekocht, für das wir auf dem Markt ⟨eingekauft⟩ ⟨haben⟩.

10 Seht euch die Fotos auf Seite 66/67 an. Erinnert ihr euch an die Geschichten? Ergänzt die Sätze und schreibt eigene Sätze zu den restlichen Bildern.

1. Das ist der Ballon, in dem …
2. Das ist das Fahrrad, mit dem Simon …
3. Das ist das Kanu, mit dem …
4. Das sind die Gondeln, mit denen …
5. Das ist Venedig, wo …
6. Das ist …

11 Schreibt Satzanfänge auf Karten. Sammelt die Karten ein. A liest vor, B ergänzt.

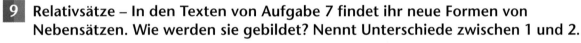

Ich wünsche mir einen Freund,
für den ich / bei / mit dem ich …

… für den ich die Größte bin!

Wir haben eine Schule,
wo wir …

Ich wünsche mir eine Schule,
in der ich / wo ich …

Wie findet ihr die
Klasse, mit der …

12 **Projekt: Probleme auf einer Reise lösen**
Arbeitet in Gruppen.

Ihr wollt in ein deutschsprachiges Land reisen. In welchen
Situationen werdet ihr Deutsch brauchen? Wählt eine
Situation aus und macht ein Lernplakat mit Wörtern,
Ausdrücken, Sätzen, die ihr brauchen könnt.

13 **Drei Dialoge auf Reisen**
a Lest die Dialogteile.
Was passt zu welchem Bild?
b Wählt zwei Situationen aus.

A (schwerer): Sucht die Dialogteile und schreibt die Dialoge. Hört zur Kontrolle.
B (leichter): Sucht die Dialogteile, hört dann die Dialoge und schreibt sie.

● Oh, stimmt, tut mir leid. Ein Zimmer mit Bad vom
  23. bis 26. Juni.
○ Ja, genau. Ist das Zimmer auch ruhig?

● Guten Tag. Kann ich Ihnen helfen?
○ Guten Tag, können Sie uns sagen, welche Museen
  geöffnet haben?

● Oh Entschuldigung.
○ Kein Problem.

● So, für Sie die Pizza mit Salami …
○ Tut mir leid, aber ich hatte etwas anderes bestellt.

● Morgen ist Mittwoch. Das Stadtmuseum ist
  geschlossen. Die anderen Museen sind ab 9.30 Uhr
  geöffnet.
○ Gibt es etwas besonders Interessantes, das Sie
  empfehlen können?

● Ja, Herr Münz, richtig. Für eine Person, drei Nächte.
○ Nein, ich habe für zwei Personen ein Zimmer reserviert.

● Heute Nachmittag haben alle Museen bis um 17.00 Uhr
  geöffnet.
○ Und morgen früh?

● Aha, was denn?
○ Die Spaghetti mit Tomatensoße.

● Viele mögen das Museum für Technik. Sie können viel
  ausprobieren und experimentieren.
○ Das ist gut. Was kostet der Eintritt und wo können wir
  die Karten kaufen?

● Guten Tag, willkommen im Gästehaus.
○ Guten Tag, ich habe ein Zimmer reserviert. Mein Name ist Florian Münz.

● Die kaufen Sie im Museum. Der Eintritt kostet 4 Euro, für Schüler gibt es eine Ermäßigung.
  Dann kostet es nur 3 Euro.
○ Danke. Auf Wiedersehen.

● Natürlich. Sie haben Zimmer 17. Frühstück gibt es von 7 bis 9 Uhr 30 in unserer Cafeteria.
○ Alles klar. Danke.

14 *Worauf/darauf – für wen / für ...:* **Wann steht was? Lest und hört die Dialoge.**

31

● Weißt du, *worauf* ich
  mich freue?
○ Nein. *Worauf?*
● Auf eine heiße Dusche!
○ Ja, *darauf* freue ich mich
  auch.

● So eine Schweinerei!
○ Hey, *worüber* ärgerst du dich
  denn so?
● Mein Geldbeutel ist weg.
  Mit 50 Euro.
○ Au weia. *Darüber* würde ich
  mich auch ärgern.

● Was ist das denn?
○ Ein Buch mit Fotos von
  München.
● Und *für wen* ist das?
○ *Für* meine Eltern. Die
  interessieren sich *dafür.*
● *Wofür?*
○ Na, für Reisen, Fotos und
  Kultur.

Sachen	Personen
Woran denkst du gerade?	**An wen** denkst du gerade?
Wofür brauchst du so viel Taschengeld?	**Für wen** ist der Brief?
Womit willst du fahren? Bus oder Bahn?	**Mit wem** fährst du in den Urlaub?

15 **Verben mit Präpositionen lernen – Schreibt Lernkarten wie im Beispiel.**
Die Wortliste ab Seite 135 hilft.

sich interessieren ...
warten ...
lachen ...
sich freuen ...
träumen ...

sich ärgern ...
sich erinnern ...
sich beschweren ...
sich handeln ...
sich vorbereiten ...

an   von

über   um

für   auf

> Woran – daran
> Wofür – dafür
> Wo(r)... – da(r)

> sich interessieren ...

> ... für ... Ich interessiere mich für Musik.

16 *Wofür ...?* – **Schreibt Fragen mit den Verben aus Aufgabe 15.**
A stellt Fragen, B antwortet. Wechselt nach 5 Fragen.

17 **Drei Deutschlandreisende**

Lukanga Mukara, Caesar Ribeiro und Kuann Yu-Chienn kommen aus verschiedenen Ländern.
Sie haben Deutschland in verschiedenen Jahrzehnten erlebt.

a **Hört Informationen zu den Personen und**
  macht Notizen.
b **Wählt eine Person aus. Welche Themen,**
  Situationen ... könnte welcher Autor
  beschreiben?
c **Lest jetzt die Texte auf Seite 72. Wer hat was**
  geschrieben? Begründet eure Meinung.

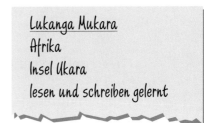

> Lukanga Mukara
> Afrika
> Insel Ukara
> lesen und schreiben gelernt

32

Text 1

In China steht man früh auf und geht früh zu Bett. Als ich in einem deutschen Studentenwohnheim lebte, konnte ich häufig sogar um
5 Mitternacht noch keine Ruhe finden. Inzwischen habe auch ich mich in eine Nachteule oder Nachtmütze, wie wir in China sagen würden, verwandelt. (…)
10 Wenn man in China im Zug sitzt und nach zehn Minuten noch kein Wort mit dem Nachbarn gewechselt hat, gilt man als sehr unhöflich. Hier in Deutschland habe ich
15 erlebt, dass während einer Zugfahrt von München nach Hamburg die vier deutschen Mitreisenden in meinem Abteil kein einziges Wort miteinander wech-
20 selten. (…) Das Verhältnis zwischen Mann und Frau schien mir ebenfalls sehr merkwürdig. Wie galant zeigen sich deutsche Männer, wenn sie in der Öffentlichkeit
25 den Frauen in den Mantel helfen; aber sobald sie zu Hause sind, vergessen die meisten ihre Hilfsbereitschaft. Anders in China. In der Öffentlichkeit ist der Mann
30 der Boss und fügt sich die Frau; doch sobald er nach Hause kommt, muss er vielleicht erst einmal in die Küche gehen und aufräumen …

Text 2

„Es geht um die Wurst", sagen die Deutschen. Und das bedeutet so viel wie „Es ist enorm wichtig. Es geht fast um Leben oder Tod".
5 Wer die Deutschen kennt, der weiß, warum „Wurst" und „wichtig" nicht zu trennen sind. Wenn es ums Essen geht, dann steht die Wurst im Mittelpunkt. „Das ist
10 mir wurst" heißt zwar „Das ist mir nicht wichtig", aber das ist nur Bluff. Die Wurst geht ihnen über alles. Auf Platz 1 der deutschen Wurst-Hitparade stehen die Brat-
15 würste: Thüringische Bratwürste, Bratwürste mit Senf oder ohne, die „1/2-Meter-Bratwurst" … sie darf einfach nicht fehlen. Nicht beim Grillfest und auch nicht als
20 Snack beim Shopping am Wochenende. Aber die Deutschen lieben auch ihre gekochten Würste: die schmale Wiener, die in Wien „Frankfurter" heißt, die
25 dicke Bockwurst, die bayerischen Weißwürste. Und um zu zeigen, dass ihnen ihre Wurst nicht wurst ist, haben sie zum Tag der deutschen Einheit die längste Brat-
30 wurst der Welt produziert, durch die Straßen Berlins getragen, gegrillt und dann gemeinsam verspeist. Wir Ausländer verachten die Wurst und probieren sie heim-

lich mit umso größerer Begeisterung: die leckere, fettige deutsche Wurst.

Text 3

5 Wenn ich in meinen Schuhen gegangen bin und in mein Haus komme, dann ist es mir jedes Mal, als müsste ich die Schuhe ausziehen, vor der Türe ein Fußbad fin-
10 den und eine Bank zum Sitzen, und ein Diener müsste kommen und mir die Füße waschen und ölen. Nichts von dem: An Plätzen, wo besondere Räume zum Warten
15 eingerichtet sind, findet man Bücher zum Lesen und kann viele seltsame Dinge kaufen (…); doch ist keine Gelegenheit, in der Zeit des Wartens ein Fußbad zu neh-
20 men. Es hat auch kein Eingeborener den Wunsch, das zu tun, und so gehen sie denn vom Morgen bis zum Abend in denselben Kleidern und Schuhen (…), und weil
25 sie am nächsten Tage dieselben Kleider anziehen wollen, dürfen sie nicht allzu sehr schwitzen. Deshalb und um ihre Kleider zu schonen, müssen sie langsam ge-
30 hen. Laufen ist nur den Kindern erlaubt. Die Erwachsenen laufen nie, weil sie aber immer Eile haben, gehen sie auch nicht: Sie fahren.

---

18 **Über Texte sprechen**
a Was wird berichtet/erzählt/gesagt …?

Der Autor sagt / berichtet / ist der Meinung, dass …
Im Text steht, dass …

> Herr Mukara berichtet, dass nur die Kinder schnell laufen durften.

1. In Warteräumen in Deutschland gibt es oft Bücher zum Lesen. 2. Im Studentenwohnheim war es nachts oft laut. 3. Die Deutschen sprechen im Zug nur wenig. 4. Es gibt viele Sorten Wurst in Deutschland. 5. Die Deutschen wechseln selten ihre Kleidung. 6. Bei uns in China machen die Männer auch Hausarbeit. 7. In Berlin gab es die längste Bratwurst der Welt. 8. In China stehen wir früh auf. 9. Nicht nur die Deutschen essen gerne Wurst. 10. Er hätte gerne ein Fußbad gehabt. 11. Ich gehe jetzt auch oft spät ins Bett. 12. Nur die Kinder durften schnell laufen.

b Was beschreiben die Autoren als „fremd" oder „typisch"? Wie seht ihr das?

19 **Was würde Fremden bei euch auffallen? Worauf müssten Ausländer achten?**

Pünktlichkeit – Essenszeiten – Kleidung – Schuhe im Haus – Hausarbeiten …

Zusammenfassung

1 Ich kann jetzt …

… über eine Reise berichten.
… nach Informationen fragen (Wege, Preise, Orte …).
… über Probleme bei einer Reise sprechen.
… etwas bestellen.

… mich über etwas beschweren.
… etwas reklamieren/zurückgeben.
… über kulturelle Unterschiede sprechen.

2 Wortfelder: Thema „Reisen"

Übernachten

die Ankunft/Abreise	ankommen	billig	Guten Tag, mein Name ist …
die Rezeption	sich vorstellen	teuer	
die Reservierung	reservieren	ruhig	Ich habe ein Zimmer von … bis … reserviert.
das Zimmer	kosten	laut	
das Bad/die Dusche/	abreisen/	leise	Ist das Zimmer mit …?
die Toilette	abfahren	warm	
der Preis		kalt	Das Zimmer kostet … , oder?
das Frühstück		zentral	Wann können wir frühstücken/bezahlen …?

In einer fremden Stadt

die Touristeninformation	fragen	interessant	Guten Tag, können Sie mir sagen, wo … ist?
der Tourist/die Touristin	reisen	weit/nah	Wie kommen wir nach/zum …?
der Besucher/die Besucherin	besuchen	schön	
das Museum	kosten	alt	Wir interessieren uns für …
die Sehenswürdigkeit(en)		historisch	
die Altstadt		zentral	Wann ist … geöffnet?
			Wie viel kostet der Eintritt?
			Gibt es eine Ermäßigung?

3 Grammatik

a Nebensätze mit *zu* + Infinitiv

Ich wünsche mir, alleine **zu verreisen**.
Es ist schön, gute Freunde **zu haben**.
Ich habe Lust, in die Sonne **zu fliegen**.
Kannst du dir vorstellen, ohne deine Eltern **wegzufahren**?

b Relativsätze mit *wo*

Das ist das Haus, **wo** ich 10 Jahre gewohnt habe.
Ich möchte in ein Land, **wo** es nicht so kalt ist.

c Relativsätze mit Präpositionen

Hier ist das Haus, **in dem** ich zehn Jahre gewohnt habe.
Das ist Britta, **mit der** ich schon seit der ersten Klasse zusammen bin.
Hast du einen Freund, **für den** du alles tun würdest?
Sie ist das Mädchen, **auf das** ich schon immer gewartet habe.

d *wofür – dafür / für wen – für …*

Über Sachen sprechen
● Morgen ist Sabines Party. **Dafür** brauche ich unbedingt neue Klamotten.
○ **Wofür**, bitte?
● Für Sabines Party.
○ **Dafür** gibt's nichts Neues.

Über Personen sprechen
● Oh, schöne Blumen. **Für wen** sind die denn?
○ **Für dich**, natürlich!
● **Für mich**? Vielen Dank!

Berufe

Ein Ausbildungsberuf ist ein Beruf, für den man eine dreijährige Ausbildung braucht. In der Ausbildungszeit sind die Auszubildenden drei Tage die Woche in einem Betrieb, mit dem sie einen Ausbildungsvertrag haben, und zwei Tage in der Berufsschule. Es gibt etwa 300 Ausbildungsberufe in Deutschland, vor allem im technischen Bereich (z.B. Automechaniker) und im Dienstleistungsbereich (z.B. Hotelkauffrau).

1 Tätigkeiten und Fotos – Was passt zusammen?

1. Autos reparieren lassen 2. mit Kindern spielen und lernen 3. Möbel verkaufen 4. das Design von Internetseiten planen 5. Passagiere beraten 6. Rechnungen schreiben 7. Öl wechseln 8. ein Programm schreiben / programmieren 9. in einer Werkstatt arbeiten 10. ein Diktat korrigieren 11. Kunden informieren 12. sich die Grammatik erklären lassen

2 Berufe – Lest die Statistik. Mit welchen Berufen kommt man in Kontakt, wenn …

1. … man ein Zimmer renovieren muss?
2. … du die Haare schneiden lassen willst?
3. … man einen Termin beim Arzt braucht?
4. … dein Moped nicht mehr fährt?
5. … der Küchenherd nicht mehr funktioniert?
6. … du eine große Party vorbereitest?
7. … du einen Stuhl reparieren lassen musst?
8. … man ein Konto eröffnen will?

Wenn ein Zimmer renoviert werden muss, braucht man einen … Wenn …

8

Die Top Ten der Ausbildungsberufe

Zahl der Auszubildenden Ende 2002 in Deutschland

Junge Frauen		Junge Männer	
Bürokauffrau	49 257	72 352	Kfz-Mechaniker
Arzthelferin	46 288	41 625	Elektroinstallateur
Einzelhandels-kauffrau	42 929	36 176	Maler und Lackierer
Friseurin	41 098	31 178	Einzelhandels-kaufmann
Zahnmedizin. Fachangestellte	40 172	28 311	Metallbauer
Industriekauffrau	32 828	28 122	Tischler
Fachverkäuferin (Nahrungsmittelhandwerk)	27 591	28 078	Koch
Kauffrau für Bürokommunikation	26 383	24 014	Gas- u. Wasser-installateur
Bankkauffrau	25 764	23 694	Groß- u. Außen-handelskaufmann
Hotelfachfrau	23 088	19 444	Industriemechaniker (Maschinen- u. Systemtechnik)

8752 © Globus

Quelle: Stat. Bundesamt

3 **Eine Statistik beschreiben – Ergänzt den Text.**

Was ist der beliebteste Ausbildungsberuf? Für junge Frauen ist es eindeutig ①. Bei jungen Männern ist es der Beruf ②. An zweiter Stelle folgt der Beruf des ③ und an Platz drei der Beruf des ④. Die wenigsten jungen Männer wollen ⑤ werden. Können Sie sich das erklären? Bei den Frauen ist der Beruf der ⑥ fast so beliebt wie der Beruf der Bürokauffrau. An dritter Stelle liegt der Beruf der ⑦. Auf Platz vier folgt die ⑧.

4 **Ein Radiobericht über die Statistik – Macht Notizen und berichtet, wie der Reporter die Statistik interpretiert und welche Informationen neu sind.**

1. Bei jungen Frauen liegt „Arzthelferin" an …
2. „Koch/Köchin" ist bei Mädchen …
3. Frauen wählen besonders oft Büroberufe und …
4. Nicht alle Jugendlichen …

5 **Eure Berufswünsche – Fragt euch gegenseitig nach den drei Top-Berufs-wünschen. Macht dann gemeinsam eine Statistik in der Klasse. Sprecht über die Statistik. Was sind die Vor- und Nachteile dieser Berufe?**

75

6 Schülerpraktika am Flughafen Hamburg

a Lest die Zusammenfassung des Interviews. Welche Informationen findet ihr am wichtigsten?

Die „Flughafen Hamburg GmbH" bietet nicht nur Studenten, sondern auch Schülern die Möglichkeit, ein Praktikum zu machen, obwohl Schüler für die Firma mehr Arbeit 5 machen. Sie sind nur kurz da – etwa 1–3 Wochen –, müssen aber, wie alle anderen Arbeitnehmer auch, eine Sicherheitsüberprüfung machen lassen. Die Firma ist aber der Ansicht, dass es für ein Unternehmen wichtig 10 ist, auch Schüler schon anzusprechen und über ihre Arbeit zu informieren. Sie bietet deshalb auch Praktikumsplätze für Schüler an. Von ihren Bewerbern erwartet sie eine ordentliche Bewerbung, das heißt einen 15 Bewerbungsbrief, einen Lebenslauf und als Anlage das Zeugnis. Man sollte sich mindestens ein Jahr vorher bewerben. Ein wichtiges Kriterium für die Auswahl der Bewerber sind die Schulnoten, aber auch besondere Interessen und Leistungen im Team, das heißt in 20 schulischen Arbeitsgruppen, können wichtig sein. Die Berufe, in denen die „Flughafen Hamburg GmbH" die meisten Praktikanten arbeiten lässt, sind z.B. Industriemechaniker, 25 Bürokaufleute und Servicekaufleute im Luftverkehr.

b Beantwortet die Fragen mit Informationen aus dem Text.

1. Worauf legt die „Flughafen Hamburg GmbH" besonders Wert?
2. Nach welchen Kriterien werden Praktikanten ausgewählt?
3. Worauf achtet man bei den Bewerbungen besonders?

c Hört das Interview und überprüft die Aussagen 1–5. Welche Aussage ist falsch?

1. Schülerpraktika dauern bis zu drei Wochen.
2. Schulnoten sind wichtig, aber es gibt auch andere wichtige Kriterien.
3. Das Unternehmen achtet bei Bewerbungen auch auf unentschuldigte Fehlzeiten in der Schule.
4. Es gibt mehr Ausbildungsplätze als Bewerber.
5. Eine Bewerbung muss einen Lebenslauf, ein Bewerbungsschreiben und ein Zeugnis enthalten.

7 Wortfeld „Praktikum"
Macht ein Wörternetz zuerst im Heft und danach gemeinsam an der Tafel.

sich bewerben

Praktikum

eine Stelle suchen

8 Berufe und ihre Voraussetzungen – Was ist wichtig?

als Elektriker/in – Koch / Köchin
Lehrer/in – Arzt / Ärztin
im Tierheim
bei einer Bank
studieren

Wenn man Arzt werden möchte, sollte/muss man ...

Wenn man im Tierheim arbeiten will, sollte man ...

9 Berufe kennen lernen – Lest den Text, berichtet und vergleicht: Wie ist es bei euch?

Praktika in Deutschland

In fast allen Schulen müssen die Schüler im 9. und 10. Schuljahr ein Praktikum machen, um die Berufswelt kennen zu lernen. Während eines solchen Praktikums können sie direkt
5 erleben, welche Tätigkeiten in dem jeweiligen Beruf typisch sind. Und sie knüpfen erste Kontakte, die später nützlich sein können. Im Gymnasium in der Klasse 11 oder 12 gibt es dann noch einmal die Möglichkeit, ein Prakti-
10 kum zu machen. In dieser Zeit ist für die Schüler die Wahl des Berufs schon ein wichtiges Thema. Praktika dauern in der Regel bis zu drei Wochen. Die Schüler können ihren Praktikumsplatz selbst suchen. Die Schulen helfen
15 meistens dabei.

10 Praktikumsinformationen und Bewerbungen im Internet – Arbeitet in Gruppen und verteilt die Aufgaben.

1. Recherchiert Praktikumsangebote und berichtet.
2. Welche Informationen gibt es über Firmen (Computerbranche, Dienstleistungen, Technik …)?
3. Welche Tipps für gute Bewerbungen gibt es?

> www.jobpilot.ch.berufsbilder
> www.praktika.de
> www.arbeitsagentur.de

11 Ausbildung – Was heißt das genau?

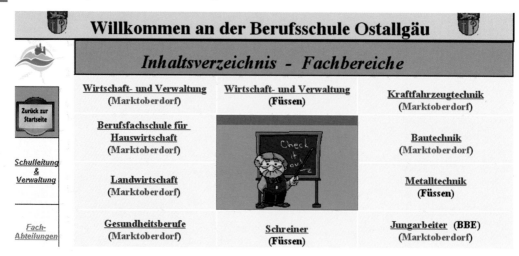

Willkommen an der Berufsschule Ostallgäu

Inhaltsverzeichnis - Fachbereiche

Zurück zur Startseite

Schulleitung & Verwaltung

Fach-Abteilungen

Wirtschaft- und Verwaltung (Marktoberdorf)	Wirtschaft- und Verwaltung (Füssen)	Kraftfahrzeugtechnik (Marktoberdorf)
Berufsfachschule für Hauswirtschaft (Marktoberdorf)		Bautechnik (Marktoberdorf)
Landwirtschaft (Marktoberdorf)		Metalltechnik (Füssen)
Gesundheitsberufe (Marktoberdorf)	Schreiner (Füssen)	Jungarbeiter (BBE) (Marktoberdorf)

a Lest den Text und ergänzt die Textgrafik.

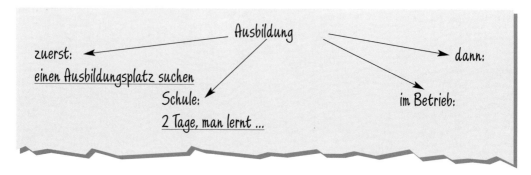

Ausbildung

zuerst:
einen Ausbildungsplatz suchen

Schule:
2 Tage, man lernt ...

im Betrieb:

dann:

Das traditionelle System der Berufsausbildung in Deutschland ist das „duale System". Das ist eine Kombination von Ausbildung in der Schule und in der Praxis, das heißt an einem Arbeitsplatz in einem
5 Betrieb. Die Jugendlichen müssen sich zunächst einen Ausbildungsplatz in einer Firma suchen und mit dieser Firma einen Ausbildungsvertrag schließen. Auch staatliche Behörden wie die Polizei oder die Stadtverwaltungen bieten Ausbildungsplätze an.
10 Die Ausbildung dauert in der Regel drei Jahre. Drei Tage in der Woche sind die Jugendlichen in der Firma, zwei Tage gehen sie in die Berufsschule. Sie sind „Teilzeitschüler". In der Schule lernen sie die theoretischen und praktischen Grundlagen des
15 Berufs. Im Betrieb können sie diese Kenntnisse anwenden und lernen konkrete Arbeitsabläufe kennen.

Etwa 600.000 junge Leute zwischen 15 und 18 beginnen in Deutschland jedes Jahr eine Ausbildung. Damit
20 sind weit mehr Jugendliche in der Berufsschule als im Gymnasium. Jugendliche, die eine Ausbildung haben, sind weniger oft arbeitslos als Jugendliche ohne Ausbildung. Auch nach dem Abitur versuchen daher immer mehr Jugendliche, einen Ausbildungsplatz zu
25 bekommen. Es gibt zwar über 300 Ausbildungsberufe, vor allem im technischen Bereich und im Dienstleistungssektor, aber viele neue Berufe, besonders in der Computerbranche, sind keine Ausbildungsberufe mehr. Für sie gibt es kein klassisches dreijähriges
30 Ausbildungsprogramm. Es gibt immer mehr neue Berufe und die Tätigkeiten ändern sich hier schnell. Egal ob sie Azubis (**Auszubi**lden**de**) sind oder nicht – bis zum 18. Lebensjahr sind in Deutschland alle Jugendlichen in jedem Fall schulpflichtig.

b Lest noch einmal und notiert Informationen zu den folgenden Stichpunkten.

Ausbildungsvertrag – Ausbildungsberuf – duales System – Teilzeitschüler – Schulpflicht – Vorteile der Ausbildungsberufe – Zahl der Ausbildungsberufe – keine Ausbildungsberufe

12 Bewerbungsbriefe

a Ordnet den Kommentar rechts den Zeilen im Brief zu.
b Besprecht in der Muttersprache: Was gehört zu einem Bewerbungsbrief?

1	Mara Vukovic

```
 1   Mara Vukovic                    Henning-Hansen-Str. 83
                                     21191 Buxtehude

                                     15. Oktober 2004

     An die
     Flughafen Hamburg GmbH
     Unternehmensbereich Personal
 5   z.Hd. Frau Jakstat-Peill
     Flughafenstraße 1-3
     22335 Hamburg


     Bewerbung für ein Praktikum


     Sehr geehrte Frau Jakstat-Peill,

10   ich bin Schülerin im 10. Schuljahr an der Ernst-Reuter-
     Schule in Buxtehude. Ich interessiere mich sehr für
     Technik und für Sprachen. Ich kann mir vorstellen,
     dass ein großer Flughafen die Möglichkeit bietet,
     viele Berufe in diesen Bereichen kennen zu lernen,
     und würde gern für 2-3 Wochen ein Praktikum am Flughafen
15   machen. Die Praktikumszeit in unserer Schule ist vom
     7. bis 28. November.

     In der Anlage sende ich Ihnen meine Bewerbungsunterla-
     gen. Über eine positive Antwort würde ich mich sehr
20   freuen.

     Mit freundlichen Grüßen

     Mara Vukovic

     Anlagen
     Zeugnis
     Lebenslauf
25   Teilnahmebestätigung Computerkurs
```

a) der Absender, die eigene Anschrift

b) ich, meine Kenntnisse und Interessen

c) Hier sagt man kurz, worum es in dem Brief geht.

d) das Datum

e) Hinweis auf drei Dokumente, die beim Brief dabei sind

f) die Anschrift die Firma die Abteilung in der Firma die Person

g) *z. Hd.* = zu Händen: die Person soll den Brief direkt bekommen

h) der Schlusssatz – Alternative: *Über eine Einladung zu einem persönlichen Gespräch würde ich mich sehr freuen.*

i) die Anrede: Wenn man keine Person kennt, schreibt man: *Sehr geehrte Damen und Herren,*

j) der Grund, warum ich mich bewerbe

b – Zeile 10–12

13 Selbstbeschreibung

a Beschreibt euch und eure eigenen Interessen wie im Brief auf Seite 79.

Nützliche Formulierungen

Was ich im Moment mache	Ich bin Schülerin an der Mommsen–Schule in der Klasse 11.
Was mich in der Schule interessiert	Am meisten Spaß machen mir die Fächer …
	In der Schule interessiere ich mich besonders für …
	Mich interessiert vor allem der/das/die …
Was ich kennen lernen will / Was mich	… die Arbeit in einer großen Firma im Technikbereich.
besonders interessiert	Während des Praktikums würde ich gern lernen, wie man …
	Ich würde gern mit Kindern arbeiten …

b Sammelt die Beschreibungen ein und lest sie vor. Ratet, wer was geschrieben haben könnte.

c Erfindet eine Firma und schreibt ein Bewerbungsschreiben wie auf Seite 79.

d Tauscht eure Bewerbungsschreiben und versucht, euch gegenseitig zu verbessern. Besprecht danach eure Ergebnisse und Probleme in der Klasse.

14 *Nicht nur … sondern auch* – Informationen im Satz verbinden

a Vergleicht die Sätze.

1. Am Flughafen können Studenten Praktika machen.

   Am Flughafen können Schüler Praktika machen.

2. Am Flughafen können nicht nur Studenten, sondern auch Schüler Praktika machen.

   Nicht nur Studenten können … Praktika machen, sondern auch Schüler.

   1. Information   2. Information

Die 2. Information wird in Sätzen mit *nicht nur … sondern auch* besonders betont.

b Verbindet die Informationen mit *nicht nur … sondern auch*.

1. Berufsschüler müssen zwei Tage pro Woche in die Schule und drei Tage in den Betrieb gehen.
2. Sie lernen dort die Grundlagen des Berufs und praktische Fertigkeiten.
3. Im Gymnasium und an Haupt- und Realschulen lernen die meisten deutschen Schüler Englisch.
4. Viele Mädchen interessieren sich für Büroberufe und für Berufe im Service, zum Beispiel im Hotelbereich.

c Schreibt eigene Sätze und lest sie in der Klasse vor.

Ich finde meinen Bruder nicht nur …, sondern auch …

15 Tatsachen und Konsequenzen: *deshalb/daher/darum/deswegen*

a Lest die Beispiele.

Er hat sich immer für Technik interessiert.	Er ist Ingenieur geworden.
Er hat sich immer für Technik interessiert.	**Deshalb** ist er Ingenieur geworden.
Er hat sich immer für Technik interessiert,	**deshalb/daher/darum/deswegen** ist er Ingenieur geworden.

b Schreibt den folgenden Text neu und verbindet die Sätze mit *deshalb/daher/darum/deswegen*.

Carla besucht die Gesamtschule. Sie hatte sich schon immer für Autoelektronik interessiert. Sie wollte ein Praktikum bei der Firma Bosch machen. Sie ging zum Personalchef, um sich vorzustellen. Aber der Personalchef, hatte keine Zeit. Sie musste zwei Stunden warten. Danach hatte sie schlechte Laune. Als der Personalchef endlich kam, war sie nicht so freundlich. Weil er das sah, fragte der Personalchef sie nach einer Weile: „Frau Claasen, können Sie eigentlich auch lächeln?" – Sie antwortete „Bitte entschuldigen Sie, aber ich habe schon zwei Stunden gewartet und da bin ich etwas nervös geworden."

16 Das Verb *lassen* – In den Ferien machen wir nichts selber.

1. Von unseren Nachbarn: Blumen gießen
2. Beim Arzt: vorher uns untersuchen
3. Vom Reisebüro: ein Hotel buchen
4. Am Bahnhof: einen Platz im Zug reservieren
5. Im Restaurant: bedienen
6. Vom Friseur im Hotel: die Haare schneiden
7. In der Sonne: uns bräunen
8. Am Schwimmbad: eine Cola bringen
9. Im Hotel: jeden Tag das Zimmer aufräumen und die Handtücher wechseln
10. Am Flughafen: die Koffer tragen
11. Nach dem Rückflug: am Flughafen von Freunden abholen

> In den Ferien lassen wir unsere Blumen von unseren Nachbarn gießen.

17 Lebensläufe

a Lest den Lebenslauf und vergleicht Form und Inhalt mit anderen Lebensläufen aus dem Internet, in der Klasse, aus anderen Klassen ...

b Schreibt einen eigenen Lebenslauf nach dem europäischen Modell.

Lebenslauf

Angaben zur Person	Nadine Winter
Adresse	Berliner Straße 32
	D-38524 Gifhorn
Telefon	0 53 71-38 72 91
E-Mail	Nadine.Winter@hotmail.com
Staatsangehörigkeit	deutsch
Geburtsdatum	29. Juni 1988
Arbeitserfahrung	<u>2003</u>
*(Datum, von ... bis ...)	3 Wochen Betriebspraktikum bei der Volkswagen AG
(Name und Adresse der Arbeitgeber)	Empfangsbüro der Autostadt VW in Wolfsburg
(Beruf, Funktion, Tätigkeit)	
Schul- und Berufsausbildung	<u>1994–1998</u>
(Datum, von ... bis ...)	Grundschule in Gifhorn
(Name und Art der Schule)	
(Hauptfächer / berufliche Tätigkeiten)	<u>seit 1998</u>
	Europaschule Humboldt-Gymnasium Gifhorn
	(www.europaschulegifhorn.de)
Persönliche Fähigkeiten und	2000: Klassensprecherin
Kompetenzen	Mitarbeit in der Theater-AG
(auch außerhalb der Schule)	Führerschein Klasse 5
	Saxophon
Muttersprache	Deutsch
Sonstige Sprachen	Englisch (6 Jahre), Französisch (3 Jahre)
Zusätzliche Angaben	Mitglied im Tennisclub e. V. Wolfsburg
Anhänge	Zeugnis Klasse 10

* (...) In Klammern stehen Erklärungen, die ihr nicht in euren Text übernehmen sollt.

Tipp Es ist gut, wenn man besondere Interessen angeben kann: Arbeitsgemeinschaften (AGs) oder Hobbys außerhalb der Schule.

18 Ein Gespräch über einen Lebenslauf führen

Bei einem Interview werden oft Fragen zum Lebenslauf gestellt. Wählt einen Lebenslauf aus und trainiert die Fragen und Antworten zu zweit.

Wie lange hast du Französisch gelernt?   Seit wann bist du in der ...-Schule?

Hast du Computerkenntnisse?   Spielst du ein Musikinstrument ...?

Zusammenfassung

1 Ich kann jetzt ...

... Berufe und Tätigkeiten nennen.
... Informationen über Praktika und Berufsausbildung in Deutschland aus Texten entnehmen.
... eine Statistik lesen und auswerten.
... Informationen aus Sachtexten notieren.
... einen Lebenslauf schreiben.
... einen Bewerbungsbrief nach einem Modell schreiben.

2 Wortfelder: Berufe und Bewerbung

Ausbildungsberufe	Tätigkeiten in Berufen	Schule und Ausbildung	Bewerbung – Lebenslauf
Koch/Köchin Maler und Lackierer KfZ-Mechaniker Arzthelferin Bürokauffrau/-mann Elektroinstallateur/in Einzelhandels- kaufmann/-frau	reparieren renovieren verkaufen aufräumen Programme schreiben	Ausbildungsvertrag Ausbildungsplatz Gymnasium Realschule Hauptschule Gesamtschule Berufsschule Teilzeitschüler Praktikum Bewerbung	Arbeitserfahrung Schul- und Berufsausbildung persönliche Fähigkeiten und Kompetenzen Anlagen Angaben zur Person Bewerbungsunterlagen sich bewerben

3 Grammatik

a *nicht nur ... sondern auch*

Am Flughafen können **nicht nur** Studenten, **sondern auch** Schüler Praktika machen.
Nicht nur Studenten können am Flughafen Praktika machen, **sondern auch** Schüler.

b *deswegen, daher, darum, deshalb*

Er hat sich immer für Technik interessiert. Er ist Ingenieur geworden.
Er hat sich immer für Technik interessiert. **Deshalb** ist er Ingenieur geworden.
Er hat sich immer für Technik interessiert, **deshalb/daher/darum/deswegen** ist er Ingenieur geworden.

c Das Verb *lassen*

Das Moped ist kaputt. Ich muss es reparieren **lassen**.
Ich gehe zum Friseur. Ich muss mir die Haare schneiden **lassen**.

AUSSPRACHE

1 **Alltagsdialoge – Mal so, mal so.**

a **Hört zu und entscheidet, wie ○ reagiert (a, b oder c).**

b **Spielt die Dialoge und variiert die Rolle von ○.**

1. ● Guten Tag, kann ich den Mantel anprobieren?
   ○ [a] freundlich
      [b] unfreundlich
      [c] zögert

2. ● Entschuldigung, ist der Platz noch frei?
   Kann ich mich hier hinsetzen?
   ○ [a] bejaht
      [b] verneint
      [c] zögert

3. ● Sag mal, hast du hier einen
   roten Geldbeutel gesehen?
   ○ [a] kooperativ
      [b] nicht kooperativ
      [c] versteht nicht

4. ● Verzeihung, kann ich Ihnen helfen?
   Suchen Sie etwas?
   ○ [a] akzeptiert die Hilfe
      [b] lehnt die Hilfe ab
      [c] versteht nicht

5. ● Entschuldigen Sie, können Sie mir sagen,
   wo hier in der Nähe eine Apotheke ist?
   ○ [a] gibt die Auskunft
      [b] macht einen Vorschlag
      [c] stellt selbst eine Frage

6. ● Entschuldige, darf ich dich was fragen?
   Wo hast du denn diese tollen Schuhe gekauft?
   ○ [a] antwortet sofort
      [b] lässt die Frage wiederholen
      [c] ist empört

7. ● Hast du keine Fahrkarte?
   ○ [a] reagiert freundlich
      [b] reagiert verärgert
      [c] reagiert nicht

8. ● Verzeihung, können Sie mir helfen?
   ○ [a] hilft gerne
      [b] lehnt freundlich ab
      [c] lehnt verärgert ab

9. ● Verzeihung, fährt dieser Bus zum Bahnhof?
   ○ [a] antwortet freundlich
      [b] antwortet unfreundlich
      [c] zögert

10. ● Entschuldigen Sie, können Sie mir auf
    dem Stadtplan zeigen, wo ich jetzt bin?
    ○ [a] murmelt eine Antwort
       [b] flüstert eine Antwort
       [c] schreit eine Antwort

2 Gefühle ausdrücken

a Hört zu und sprecht nach. Achtet auf die Intonation.

36

Tipp

Mit *aber, wirklich* und *echt* könnt ihr die Wirkung von Äußerungen verstärken. Spielt mit den Wörtern. Baut sie in die Äußerungen ein und achtet auf den Unterschied.

1. Das ist eine Unverschämtheit.
2. Oh, Entschuldigung, das ist mir peinlich.
3. Das ist eine Frechheit.
4. Ich schäme mich.
5. Das lasse ich mir nicht gefallen.
6. Das ist noch mal gut gegangen.
7. Da haben wir Glück gehabt.
8. Ich finde das traurig.

b Schreibt und spielt einen kleinen Dialog, in dem die Äußerungen auftauchen. Überlegt: Welche Situation ist das? Wer spricht?

3 Übungen selbst machen

a Form und Inhalt – Seht euch die Tafel an.

In *geni@l B1* habt ihr diese Strukturen und einige der Themen danebenkennen gelernt.
Wenn ihr wollt, könnt ihr die Liste ergänzen.

b Arbeitet in Gruppen. Schreibt Zettel mit den Strukturen und den Themen. Zieht dann je einen Zettel mit einem Thema und einen mit einer Struktur. Schreibt dazu eine passende, sinnvolle Aussage.

SPRECHTRAINING

4 Gemeinsam eine Aufgabe lösen

a Lest das Beispiel.

Mit einem Partner (Paarprüfung) oder mit dem Prüfer (Einzelprüfung) soll eine Aufgabe gelöst werden. Ihr habt dazu 6 Minuten Zeit. Über die Aufgabe könnt ihr in der Vorbereitungszeit nachdenken und Notizen machen. Dazu bekommt ihr eine Liste mit Themen, über die ihr sprechen sollt:

> Beispiel: Thema „Reisen"
> Ihr wollt mit eurer Klasse einen Wochenendausflug machen. Überlegt zu zweit, wie der Ausflug organisiert werden soll:
> – Wann? (Sommer, Winter …)
> – Wohin? (Berge, Meer, Großstadt …)
> – Wie? (Bus, Zug, Privatautos, Fahrradtour …)
> – Übernachtung? (Hotel, Jugendherberge, Zelten …)
> – Programm? (Museen, Kirchen, Disco, Sport …)
> – Kosten?

b Überlegt euch selbst Themen, formuliert Stichpunkte und sammelt Redemittel.

Vorschläge machen

Wir könnten doch	mit dem Zug fahren / in der Jugendherberge übernachten / noch ein paar Tage warten.
Ich schlage vor, dass wir	lieber im Sommer fahren / uns viele Museen anschauen / die Kosten teilen.
Wären Sie / Wärst du damit einverstanden,	dass wir mit dem Zug fahren?
Wie finden Sie / findest du die Idee,	mit dem Zug zu fahren? (Infinitiv mit zu)
Es wäre gut,	wenn wir mit dem Zug fahren würden.
Mein Vorschlag ist/wäre,	mit dem Bus zu fahren.
Am besten wäre es,	wenn wir mit dem Auto fahren würden.
Was halten Sie / hältst du davon,	wenn wir mit dem Fahrrad fahren?

> Nebensätze mit *dass, wenn, weil*: Das Verb kommt ans Ende.

Auf Vorschläge reagieren

Ja, das ist eine gute Idee! Aber wir müssen auch daran denken, dass … (VERB)

Ja, das ist eine gute Idee! Aber wir dürfen nicht vergessen, dass … (VERB)

Das ist schon richtig. Aber denken Sie nicht, dass wir auch … (VERB)

Sie haben schon Recht. Aber finden Sie nicht auch, dass … (VERB)

Der Meinung des anderen widersprechen
Ich bin da ganz anderer Meinung. Ich glaube, dass … (VERB)

Da muss ich Ihnen widersprechen. Ich finde, dass … (VERB)

Eine Lösung / einen Kompromiss finden
Ja, das könnten wir so machen.

Als Kompromiss schlage ich vor, dass … (VERB)

Tipps für das Gespräch
1. Nicht schweigen und warten, sondern reden!
2. Den anderen beim Sprechen ansehen.
3. Wenn du etwas nicht verstehst oder dir etwas nicht mehr einfällt, versuche, das Wort oder den Ausdruck zu ersetzen: Letztes Jahr sind wir an … hm, an die Ozea… ans Wasser gefahren.
4. Frage nach, wenn du etwas nicht verstanden hast: Meinen Sie damit …?
   Verzeihung, das habe ich nicht verstanden. Könnten Sie das vielleicht noch einmal wiederholen?

c Trainiert nun mit anderen Themen diesen Teil der mündlichen Prüfung.

LESE-ECKE

5 **Seht euch das Foto an. Worum könnte es in der Geschichte gehen?**

Spaghetti für zwei
von Federica de Cesco

Heinz war bald fünfzehn und fühlte sich sehr cool. In der Klasse und auf dem Fußballplatz hatte er das Sagen. Aber richtig schön würde das Leben erst werden, wenn er im nächsten Jahr sein Moped bekäme und den Mädchen zeigen könnte, was für ein Kerl er ist. Er mochte Monika, die Blonde mit den langen Haaren aus der Parallelklasse, und ärgerte sich über
5 seine Pickel.

Im Unterricht machte er nie mit. Die Lehrer sollten bloß nicht auf den Gedanken kommen, dass er sich anstrengte.

Mittags konnte er nicht nach Hause, weil der eine Bus zu früh, der andere zu spät abfuhr. So aß er im Selbstbedienungsrestaurant, gleich gegenüber der Schule. Aber an manchen Tagen
10 sparte er lieber das Geld und holte sich einen Hamburger am Kiosk. Samstags kaufte er sich dann eine neue CD, was die Mutter natürlich nicht wissen durfte. Doch manchmal – so wie heute – hing ihm der Big Mac zum Hals heraus. Er hatte Lust auf ein richtiges Essen. Einen Kaugummi im Mund, stapfte er mit seinen Cowboy-Stiefeln die Treppe zum Restaurant hinauf. Die Reißverschlüsse seiner Lederjacke klimperten bei jedem Schritt. Im Restau-
15 rant trafen sich Arbeiter aus der nahen Möbelfabrik, Schüler und Hausfrauen mit Einkaufstaschen und kleinen Kindern, die riesige Mengen Cola tranken und Pommes frites aßen. Viel Geld wollte Heinz nicht ausgeben; er sparte es lieber für die nächste Kassette. „Italienische Gemüsesuppe" stand auf der Speisekarte. Warum nicht? Heinz nahm das Tablett und stellte sich an. Eine schwitzende Frau schöpfte die Suppe aus einem Topf. Heinz nickte zufrieden.
20 Der Teller war richtig voll. Eine Scheibe Brot dazu und er würde bestimmt satt sein. Er setzte sich an einen freien Tisch, nahm den Kaugummi aus dem Mund und klebte ihn unter den Stuhl. Da merkte er, dass er den Löffel vergessen hatte. Heinz stand auf und holte

Er war dort der „Chef".

Er hatte keine Lust mehr, Hamburger zu essen.
machten Geräusche / klingelten

sich einen. Als er zu seinem Tisch zurückkam, konnte er nicht glauben, was er sah: Ein
Schwarzer saß an seinem Platz und aß ganz ruhig seine Gemüsesuppe!

25 Heinz stand mit seinem Löffel da, bis ihn die Wut packte. Zum Teufel mit diesen Asyl-
bewerbern! Der kam irgendwo aus Uagadugu, wollte sich in der Schweiz breit-
machen und jetzt fiel ihm nichts Besseres ein, als ausgerechnet seine Gemüsesuppe zu
essen! Schon möglich, dass man das in Afrika machen konnte, aber hier war das eine
bodenlose Unverschämtheit! Heinz öffnete den Mund, um dem Menschen laut seine
30 Meinung zu sagen, als ihm auffiel, dass die Leute ihn komisch ansahen. Heinz wurde rot.
Er wollte kein Rassist sein. Aber was nun?
Heinz ging zu dem Tisch. Er hustete deutlich, zog einen Stuhl zurück und setzte sich dem
Schwarzen gegenüber. Dieser hob den Kopf, blickte ihn kurz an und schlürfte ruhig die
Suppe weiter. Heinz presste die Zähne zusammen, dass seine Kinnbacken wehtaten. Dann
35 packte er den Löffel, beugte sich über den Tisch und tauchte ihn in die Suppe. Der Schwarze
hob wieder den Kopf. Sekundenlang starrten sie sich an. Heinz bemühte sich, die Augen
nicht zu senken. Er führte mit leicht zitternder Hand den Löffel zum Mund und tauchte ihn
zum zweiten Mal in die Suppe. Der Schwarze sah ihn lange an. Dann aß er weiter. Die Minuten vergingen. Beide teilten sich die Suppe, ohne ein Wort.
40 Heinz versuchte nachzudenken. „Vielleicht hat der Mensch kein Geld, muss schon tagelang
hungern. Dann sah er die Suppe dastehen und nahm sie sich einfach. Schon möglich, wer
weiß? Vielleicht würde ich mit leerem Magen ähnlich reagieren? Und Deutsch kann er
anscheinend auch nicht, sonst würde er da nicht sitzen wie ein stummer Klotz. Ist doch
peinlich! Ich an seiner Stelle würde mich schämen. Ob Schwarze wohl rot werden können?"

45 Als der Afrikaner den Löffel in den leeren Teller legte, schaute Heinz ihn an. Der Schwarze
hatte sich zurückgelehnt und sah ihn auch an. Heinz konnte seinen Blick nicht verstehen. Er
war verwirrt und lehnte sich ebenfalls zurück. Er hatte Schweißtropfen auf seiner Stirn, die
Lederjacke war verdammt heiß! Er sah den Schwarzen an: „Junger Kerl. Etwas älter als ich.
Vielleicht sechzehn oder – sogar schon achtzehn. Normal angezogen: Jeans, Pulli, Wind-
50 jacke. Sieht eigentlich gar nicht so arm aus. Immerhin, der hat meine halbe Suppe aufgegessen und sagt nicht einmal Danke! Verdammt, ich habe noch Hunger!" Der Schwarze stand
auf. Heinz blieb der Mund offen. „Haut er tatsächlich ab? Jetzt reicht es aber! So eine Frechheit! Der soll mir wenigstens die halbe Gemüsesuppe bezahlen!" Heinz wollte gerade auf-
springen, da sah er, wie sich der Schwarze mit einem Tablett in der Hand wieder anstellte.
55 Heinz fiel auf seinen Stuhl zurück. „Also doch: Der Mensch hat Geld, aber denkt er vielleicht,
dass ich ihm den zweiten Gang auch noch bezahle?" Heinz griff hastig nach seiner Schul-
tasche. „Bloß schnell weg von hier!"
Aber dann ließ er die Mappe los und kratzte nervös an einem Pickel. Irgendwie wollte er wissen, wie es weiterging.
60 Der Schwarze hatte einen Teller Spaghetti bestellt. Jetzt stand er vor der Kasse und – tatsächlich – er bezahlte! „Verrückt! Das ist total verrückt", dachte Heinz.
Da kam der Schwarze zurück. Er trug das Tablett, auf dem ein großer Teller Spaghetti stand,
mit Tomatensoße, vier Fleischbällchen und zwei Gabeln. Immer noch stumm, setzte er sich
Heinz gegenüber, schob den Teller in die Mitte des Tisches, nahm eine Gabel und begann
65 zu essen, wobei er Heinz ruhig in die Augen schaute. Die Augen von Heinz begannen zu
zucken. Dieser Typ forderte ihn tatsächlich auf, die Spaghetti mit ihm zu teilen. Heinz
schwitzte noch mehr. Was nun? Sollte er essen? Nicht essen? Seine Gedanken waren ein
Chaos. Wenn der Mensch doch wenigstens reden würde! „Na gut. Er hat die Hälfte meiner
Suppe gegessen, jetzt esse ich die Hälfte seiner Spaghetti, dann sind wir quitt!" Wütend griff
70 Heinz nach der Gabel, rollte die Spaghetti auf und steckte sie in den Mund.
Schweigen. Beide aßen die Spaghetti. „Eigentlich nett von ihm, dass er mir eine Gabel
gebracht hat", dachte Heinz. „Aber was soll ich jetzt sagen? Danke? Es ist einfach blöd. Jetzt
kann ich ihm auch keinen Vorwurf mehr machen. Vielleicht hat er gar nicht gemerkt, dass es
meine Suppe war. Oder vielleicht ist es in Afrika normal, sich das Essen zu teilen?
75 Schmecken gut, die Spaghetti. Das Fleisch auch. Wenn ich nur nicht schwitzen würde!" Die
Portion war sehr groß. Bald hatte Heinz keinen Hunger mehr. Der Schwarze war auch satt. Er
legte die Gabel aufs Tablett und putzte sich mit der Papierserviette den Mund ab. Heinz fühl-

bis er wütend wurde
in der Schweiz ein gutes Leben
haben wollen

Frechheit

schlürfen = mit Geräusch essen

ohne zu sprechen

Er wusste nicht,
was er davon halten sollte.

Geht er wirklich weg?

Menü: 1. Gang: Vorspeise, 2. Gang:
Hauptspeise, 3. Gang: Nachspeise

Er ist nervös. Seine Augen
bewegen sich schnell.

dann ist das gerecht

te sich unsicher. Der Schwarze lehnte sich zurück, schob die Daumen in die Jeanstaschen und sah ihn ruhig an. Heinz wurde immer nervöser: „Lieber Gott, wenn ich nur wüsste, was
80 er denkt!"

Unsicher schaute Heinz sich um. Plötzlich bekam er einen Schock. Auf dem Nebentisch, an den sich bisher niemand gesetzt hatte, stand – einsam auf dem Tablett – ein Teller kalter Gemüsesuppe.

Heinz erlebte den peinlichsten Augenblick seines Lebens. Am liebsten hätte er sich in einem
85 Mauseloch versteckt. Erst nach langen zehn Sekunden hatte er den Mut, dem Schwarzen ins Gesicht zu sehen. Der saß da, völlig entspannt und cool und schaukelte leicht mit dem Stuhl hin und her. „Äh", stammelte Heinz, feuerrot im Gesicht. „Entschuldigen Sie bitte. Ich …"

Er sah die Augen des Schwarzen aufblitzen, sah den Humor in seinem Gesicht. Auf einmal warf er den Kopf zurück und begann laut zu lachen. Zuerst kam von Heinz nur ein unsiche-
90 res Glucksen, aber dann machte er bei dem Gelächter des Afrikaners mit. Eine Weile saßen sie da, lachten beide wie verrückt. Dann stand der Schwarze auf, schlug Heinz auf die Schulter. „Ich heiße Marcel", sagte er in perfektem Deutsch. „Ich esse jeden Tag hier. Sehe ich dich morgen wieder? Um die gleiche
100 Zeit?"

Heinz hatte Tränen in den Augen vor Lachen, er war erschöpft und er schnappte nach Luft. „In Ordnung!", keuchte er. „Aber dann spendiere ich die Spaghetti!"

105

Federica de Cesco (*1938) arbeitet als Schriftstellerin und lebt in der Schweiz und in Japan. Der Text wurde in Absprache mit der Autorin bearbeitet.

Die Augen leuchteten.

glucksen = eine Art zu lachen

---

6 **Stimmst du den folgenden Aussagen zu? Bewerte von 5 (ja, sehr) bis 0 (nein, überhaupt nicht). Vergleicht in der Klasse und begründet eure Entscheidungen.**

1. Heinz ist glücklich und zufrieden.
2. Heinz ist ein netter Junge.
3. Heinz ist schlecht in der Schule.
4. Heinz ist sparsam.
5. Heinz ist verliebt.
6. Heinz hat Mitleid mit dem Jungen.
7. Heinz ist feige.
8. Heinz ist aggressiv.
9. Heinz freut sich, dass er einen neuen Freund hat.
10. Marcel hat einen „besseren" Charakter als Heinz.
11. Heinz kommt am nächsten Tag wieder in das Restaurant.
12. Heinz hat etwas aus der Geschichte gelernt.
13. Heinz wird seinen Eltern alles erzählen.
14. Marcel findet Heinz trotz allem sympathisch.
15. Marcel hat so etwas schon oft erlebt.

7 **Ideen zum Weitermachen**

1. Am nächsten Tag kommt Heinz ins Restaurant und Marcel kommt pünktlich – aber er ist nicht alleine. Spielt die Szene.
2. Heinz erzählt die Geschichte zu Hause und sein Vater will nicht, dass er Marcel noch einmal trifft. Spielt das Gespräch zwischen Vater und Sohn.
3. Eigentlich hätte die Geschichte auch ganz anders verlaufen können, wenn die beiden einfach miteinander gesprochen hätten – oder? Wie könnte ein Dialog aussehen, der das Missverständnis schnell aufgeklärt hätte – und an welchem Punkt der Geschichte sollte er stattfinden?
4. Was kann man aus der Geschichte lernen?
5. Habt ihr Lust, die Geschichte zu inszenieren?
6. Spielt nur die Szene am Tisch – ohne Worte bis zum Lachen.
7. Alternativen mit Sprache und anderen Lösungen?
8. Habt ihr eigene Ideen?

Mobilität

das Fahrrad – das Dreirad – das Motorrad – das Auto – der Traktor – der Bus – die Straßenbahn – die U-Bahn – die S-Bahn – die Eisenbahn

1 **Welche Verkehrsmittel sind gemeint? Lest die Textausschnitte und ordnet zu.**

1 Die Sitze waren wieder mal zu eng. Wir setzten uns trotzdem auf 12a und 12b. Mir war heiß. Nervös wartete ich darauf, dass die Maschine endlich anrollte. Ich las Zeitung und tat so, als könnte ich mich auf die Katastrophen unserer Welt konzentrieren. Da meldete sich der Kapitän und teilte uns über den Lautsprecher mit, dass wir alle wieder aussteigen müssten. Die Bordtreppe könnte nicht eingezogen werden. Claudia sog die Luft ein. Mir sank das Herz. Diese Reise war meine Idee gewesen.

2 „Hier bei uns auf´m Land fährt der nicht so oft wie in der Stadt", quäkte die Stimme neben mir. „Heute haben ja alle Autos, meine Nachbarn haben sogar zwei, wissen Sie?" Minuten wurden zu Stunden. Ich überlegte, ob Trampen eine Alternative wäre. Aber um elf Uhr fahren nur Muttis zum Einkaufen in die Stadt. Chancenlos für mich. Die zehn Minuten halte ich noch durch. „He, junge Frau ..."

2 Sammelt zu Verkehrsmitteln aus Aufgabe 1 je drei neue Wörter.

Flugzeug:
die Stewardess,
das Cockpit,
der Flughafen ...

3 Wählt ein Verkehrsmittel, mit dem ihr ein besonders gutes/schlechtes/aufregendes Erlebnis hattet. Schreibt darüber einen kleinen Text wie in Aufgabe 1.

Als ich aus dem Schwimmbad kam, war mein Fahrrad weg. Ich hatte es abgeschlossen, aber es war weg. Ich suchte überall und konnte es nicht finden. Am nächsten Tag stand ich früh auf und fuhr wieder zum Schwimmbad. Alles war leer, weil das Bad noch zu war, und da sah ich es. Es stand neben ...

4 Welche Verkehrsmittel benutzt ihr wann, wo und wie oft?

g – der Hubschrauber - das Schiff

4 An der Raststätte haben sich alle vor Lachen gebogen. So eine Maschine und keinen Sprit. Gibt's doch gar nicht! Fünf Kilometer geschoben? Selbst schuld! Tankuhr kaputt? Erzähl mir nix! Bloß weg hier. Tank voll, Helm auf, Maschine an. Was für ein Sound. Siehst du die dämlichen Gesichter? Ab auf die Piste.

3 Wir sind alle total müde. Seit zwei Stunden fahre ich. Paul will ein guter Beifahrer sein und mich nicht allein durch die Nacht fahren lassen. Trotzdem fallen ihm die Augen zu und sein Kopf kippt ans Seitenfenster. Fast keine Autos auf der Autobahn. Nur ab und zu ein Lkw ...

5 Wie immer riecht es nach nassen Mänteln. Novemberduft im Untergrund. Das monotone Klappern der Waggons macht müde. Jetzt nur nicht einschlafen. Noch zwei Stationen, dann nach oben in den Bus. In 15 Minuten müsste ich es geschafft haben. Der Arm blutet immer noch.

5 Ein Interview

a Hört zu. Um welche Themen geht es?

Unterschiede: Stadt und Land
Autos in Deutschland
Fahrzeiten

Verkehrsmittel früher und heute
Umwelt und Verkehr
Schulwege

b Hört das Interview noch einmal und notiert die wichtigsten Aussagen.

6 Ein Interview zusammenfassen

a Lest die Satzanfänge und ergänzt. Eure Notizen helfen.

1. Anne und Markus gehen …
2. Sie sind gute …
3. Anne wohnt …
4. Annes Schulweg dauert …
5. Markus lebt …
6. Anne fährt zuerst mit …, dann steigt sie um in … und am Ende …

7. Markus braucht nur …
8. Markus benutzt entweder … oder …
9. Bei schlechtem Wetter wird Markus …
10. Anne mag das Leben …
11. Anne findet nur blöd, dass …
12. Markus findet … besser.

b Fasst zusammen, was Anne oder Markus zum Thema Mobilität sagen.

> *Anne wohnt in … Sie muss … Sie sagt, dass …*

7 Pro und kontra – Stadt und Land. Gruppe A sammelt Argumente für das Leben in der Stadt, Gruppe B für das Leben auf dem Land. Diskutiert in der Klasse.

8 Anne möchte einen Motorroller – Heute spricht sie mit ihren Eltern darüber. Wie kann Anne sich vorbereiten?

a Sammelt zu zweit Argumente.

Eltern	Anne
Das ist zu gefährlich.	Ich fahre auch immer
Wovon willst du den Roller bezahlen?	mit Helm.
Was kostet der Führerschein?	...

b Ein Rollenspiel – Arbeitet zu dritt. Anne spricht mit ihren Eltern. Können sie sich einigen? Schreibt und spielt das Gespräch.

c Hört jetzt das Gespräch. Womit sind die Eltern einverstanden? Womit nicht?

38

9 Anne macht den Führerschein – Die Theorie ist oft ein Problem. Könnt ihr sagen, was diese Schilder bedeuten?

Spielstraße   Zebrastreifen   Baustelle   Parkverbot   gesperrt   Umleitung   Fußgängerzone

Hier wird ge...

Wenn du das Schild siehst, musst du ...

Hier darf man ...

10 Projekt: Im Internet findet ihr Testmodelle für die Fahrprüfung. Könnt ihr die Fragen auf Deutsch beantworten?

http://www.fahrschule24.net/stvo/p_mofa_1_1.htm

11 Vom Dorf in die Stadt – Der Umzug nach Berlin

Julias Vater hat in Berlin eine neue Arbeit gefunden. Deshalb muss die Familie nach Berlin umziehen. Wie wird Julia das Leben in der großen Stadt gefallen? Nach drei Wochen schreibt sie einen Brief an ihre beste Freundin Conny.

a Das Lesen vorbereiten – Welche Wörter passen wozu?

das Dorf   der Umzug   Berlin

die Großstadt   die Kartons   schwer   tragen   hektisch
der Bus   die U-Bahn   der Stadtplan   der Transporter
mein neues Zimmer   fremd   sentimental   klein
ruhig   langweilig   coole Plätze   grün   Natur
allein   einpacken   sauber machen   einrichten

b Julias Brief – Gefällt ihr Berlin? Was findet sie gut / nicht so gut?

Hallo, Conny,

hier ist er also: der erste Brief aus Berlin.

Der Umzug war total hektisch: zuerst die ganzen Kartons packen (ich hatte allein 20 Stück), dann alles in den Möbelwagen, Wohnung aufräumen und sauber machen. Zum Glück hatte mein Vater eine Firma bestellt, die alles in
5 den großen Lkw getragen hat. Am Ende stand ich dann in meinem alten Zimmer. Es war ganz leer und fremd. Obwohl ich mich auf den Umzug gefreut hatte, wurde ich auf einmal total traurig. Eigentlich will ich gar nicht weg. Okay, wir haben immer gesagt, dass es in dem Dorf langweilig ist und dass uns die Fahrerei in die Stadt total nervt. Trotzdem vermisse ich jetzt alles. Aber am meisten vermisse ich dich. Wenn du hier wärst, dann wär alles viel besser. Wir könnten quatschen wie sonst auch. Jetzt habe ich nur meinen lieben Bruder Kai. Kein Kommentar.
10 Meine Eltern sind ganz glücklich mit der neuen Wohnung und dem neuen Job von meinem Vater in dem Architektur-büro. Mein Zimmer finde ich ja auch ganz schön. Und hier gibt es viele tolle Cafés, Kinos und coole Plätze. Aber die Stadt ist so riesig. Wenn du mit der U-Bahn oder mit dem Bus von einem Ende zum anderen fahren willst, brauchst du über eine Stunde! Aber vom Bahnhof zu uns ist es nicht so weit. Du kannst mit der U-Bahn fahren. Vom Bahnhof Zoo nimmst du die Linie U9 in Richtung Rathaus Steglitz. An der Haltestelle „Kurfürstendamm" steigst du aus.
15 Dann gehst du nach oben und nimmst den Bus 129 in Richtung Grunewald. Am Olivaer Platz steigst du aus. Vor-sicht, viele Autos!!! Du gehst über die Ampel nach links und siehst schon die Xantener Straße. Wir wohnen in der Nummer 78. So, jetzt weißt du Bescheid.
Kai und ich gehen heute los und entdecken die Stadt. Wir haben noch keine Ahnung. Aber wenn du kommst, muss ich wissen, wo was ist. Oder? Wann kommst du denn? Komm doch bitte ganz, ganz schnell! Je schneller, desto besser!

20 Deine Julia

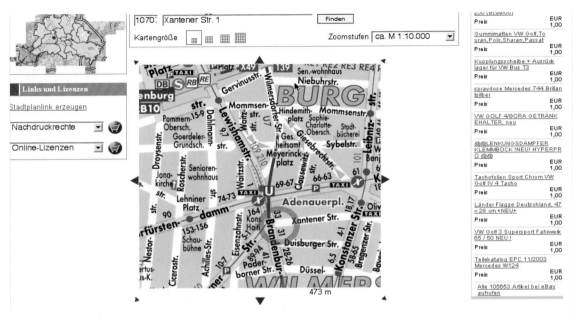

c Lest 1–8. Steht das in Julias Brief?

1. Julia und ihre Familie ziehen in die Stadt.
2. Die neue Wohnung ist im Stadtteil Kreuzberg.
3. Julia kennt Berlin gut.
4. Julia wohnt in der Nähe vom Bahnhof Zoo.
5. Julia findet die Stadt sehr laut.
6. Julia lädt Conny nach Berlin ein.
7. Der Vater arbeitet als Ingenieur.
8. Die Wege in Berlin können sehr lang sein.

12 *Obwohl* und *trotzdem*

a Lest die Sätze. Wo sind die Unterschiede?

Julia ⟨fand⟩ ihr Dorf langweilig.

Julia ⟨fand⟩ ihr Dorf langweilig.

Julia ⟨wollte⟩ nicht weg,

Obwohl Julia ihr Dorf langweilig ⟨fand⟩,

Julia ⟨wollte⟩ nicht weg.

Trotzdem ⟨wollte⟩ sie nicht weg.

obwohl sie ihr Dorf langweilig ⟨fand⟩.

⟨wollte⟩ sie nicht weg.

b Bildet Sätze wie in Aufgabe 12a.

1. Julia ist einsam.
2. Julia schreibt ihrer Freundin Briefe.
3. Julia hatte sich auf den Umzug gefreut.
4. Sie ist in Berlin nicht glücklich.
5. Sie hat Heimweh.
6. Julia mag Berlin.

In Berlin leben viele Menschen.
Telefonieren ist bequemer als schreiben.
Am Umzugstag war sie traurig.
In Berlin gibt es viele tolle Cafés und coole Plätze.
Sie will nicht zurück auf das Dorf.
Sie hat ganz gern auf dem Dorf gelebt.

c Schreibt Sätze wie im Beispiel auf Karten. Tauscht sie aus und ergänzt sie.

Obwohl Peter gut aussieht, ...

Kai geht gerne in die Schule, obwohl er ...

Hanna und Gabi sind die besten Freundinnen. Trotzdem ...

13 Conny besucht Julia in Berlin – Sie plant ihre Reise und informiert sich bei der Bahn. Hört den Dialog und ergänzt die fehlenden Informationen.

- Guten Tag, ich brauche eine Information für eine Fahrt nach Berlin, bitte.
- ○ Wann möchten Sie fahren?
- Nächste Woche. ①.
- ○ Gut, also, ab Bürgeln fährt eine Regionalbahn um ② Uhr. In Kassel-Wilhelmshöhe umsteigen in den ICE. Abfahrt ③ Uhr auf Gleis ④. Umsteigen in Hannover. Der ICE nach Berlin fährt um ⑤ Uhr auf Gleis ⑥. Sie sind dann um ⑦ in Berlin.
- Und was kostet die Fahrt?
- ○ Haben Sie eine BahnCard?
- Nein.
- ○ Dann kostet die einfache ⑧ ⑨ Euro.
- Gibt es keine andere Ermäßigung?
- ○ Wenn Sie heute eine Fahrkarte für die Hin- und Rückfahrt kaufen, dann wird es ⑩ % billiger.
- Dann nehme ich einmal Bürgeln – Berlin, Hin- und Rückfahrt. Geht das?
- ○ Natürlich. Möchten Sie für Freitag einen Platz reservieren?
- Ja, gerne.
- ○ Das sind zusammen ⑪ Euro.

14 Am Bahnhof – Wer sagt was? Kunde/Bahnangestellte? Macht ein Tabelle.

Guten Tag, was kann ich für Sie tun? – Guten Tag! Können Sie mir bitte sagen, wann der nächste Zug nach … fährt? – Wann möchten Sie denn fahren? – Wie komme ich am schnellsten von … nach …? – Wie viel kostet eine Fahrkarte nach …? – Fährt Sonntagmittag ein Zug nach …? – Einfache Fahrt oder Rückfahrkarte? – Entschuldigung, können Sie mir 10 Euro wechseln? – Welche Münzen brauchen Sie denn? – Ich brauche Kleingeld für den Automaten. – Können Sie mir sagen, wo ein Telefon ist? – Gehen Sie zum Ausgang. Auf der linken Seite sind Telefone.

der Kunde / die Kundin	der/die Bahnangestellte
Guten Tag, können Sie mir sagen, wann der nächste Zug nach … fährt?	Guten Tag, was …

15 Arbeitet mit der Dialoggrafik und den Reiseinformationen auf Seite 97. Schreibt und spielt Dialoge.

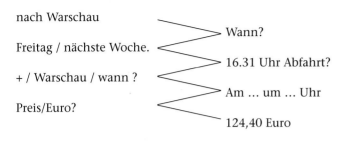

nach Warschau		Wann?
Freitag / nächste Woche.		16.31 Uhr Abfahrt?
+ / Warschau / wann ?		Am … um … Uhr
Preis/Euro?		124,40 Euro

Dresden
Montag
Abfahrt Köln: 12.49 Uhr
Ankunft Dresden: 18.47 Uhr
103,00 Euro

Graz (Österreich)
Samstag
Abfahrt München: 9.26 Uhr
Ankunft Graz: 15.17 Uhr
62,80 Euro

16 Ihre Fahrkarten, bitte
a Hört die Dialoge. Gibt es Probleme? Welche?

- ● Entschuldigung, das ist mein Platz.
- ○ Haben Sie reserviert?
- ● Ja, Wagen 12, Sitz 38, Fenster.
- ○ Oh. Tut mir leid.

- ● Kommen wir pünktlich in Hannover an?
- ○ Nein, wir haben 10 Minuten Verspätung.
- ● Aber ich muss in den Zug nach Berlin umsteigen.
- ○ Kein Problem. Der ICE wartet auf uns.
  Er steht gleich gegenüber.

b Spielt und variiert die Minidialoge.

17 Besuch für euch
a Wie kommt jemand vom Hauptbahnhof zu eurer Schule: zu Fuß, mit dem Bus, mit der U-Bahn …? Beschreibt den Weg. Im Brief von Julia findet ihr Hilfen.

zuerst	nehmen	der Bus	An der Haltestelle „…"
dann	einsteigen	die Straßenbahn	An der Station „…"
danach	umsteigen	die U-Bahn	Beim Rathaus / …platz …
später	aussteigen	der Zug	Am Hauptbahnhof …
um … Uhr	abfahren	das Taxi	Vom Flughafen ins Stadtzentrum …
zum Schluss	ankommen	…	Ein Fahrschein kostet …

b Und wie kommt man vom Bahnhof zu euch nach Hause? Beschreibt den Weg.

18 Gedichte zur Mobilität

a **Lest die Gedichte und wählt eines aus.**
b **Lest es leise für euch und übt die Aussprache, die Betonung und das Tempo.**
c **Lest euer Gedicht danach vor und vergleicht die Varianten in der Klasse.**

Wilhelm Busch:
Eins, zwei, drei im Sauseschritt

Eins, zwei, drei im Sauseschritt
Läuft die Zeit, wir laufen mit,
Schaffen, schuften, werden älter,
Träger, müder und auch kälter,
Bis auf einmal man erkennt,
Dass das Leben geht zu End!

Viel zu spät begreifen viele
Die versäumten Lebensziele:
Freude, Schönheit und Natur,
Gesundheit, Reisen und Kultur.
Darum, Mensch, sei zeitig weise!
Höchste Zeit ist´s! Reise, reise!

Hans A. Halbey:
Urlaubsfahrt

früh geweckt gefrühstückt raus
winke winke schlüssel haus
autobahnen autoschlange
kinderplappern mama bange
koffer koffer kindertragen
flaschen taschen puppenwagen
papa mama koffer kinder
autokarte notlichtblinker
schlange kriechen sonne heiß
stinken staub benzin und schweiß
stockung hunger mama brote
papa skatspiel radio tote
schlafen schimpfen hupen schwitzen
weiterfahren weitersitzen
müde mitternacht hotel pension
dreißigtausend warten schon

Eugen Roth: Die Zugverspätung

Ein Mensch
im Zug nach Frankfurt (Main) –
um vierzehn-vier sollt er dort sein –
wird schon in seinem Hoffen schwach:
Er ist noch nicht in Offenbach!
Verspätung – eine Viertelstunde!
Des Menschen Plan geht vor die Hunde!
Er kriegt den Anschluss nicht nach Wimpfen.
Gewaltig fängt er an zu schimpfen.

Ein andrer Mensch, zum Bahnhof laufend
in Offenbach, geschwitzt und schnaufend,
verliert den letzten Hoffnungsschimmer:
Den Zug nach Frankfurt kriegt er nimmer !
Doch wie Musik tönt's an der Sperr':
„Heut ist's nicht eilig, lieber Herr,
der Zug kommt heute später an!"
Der Mensch lobt laut die Eisenbahn.

„Des einen Eul'", gilt's wieder mal,
„ist oft des andern Nachtigall!"*

---

* *Des einen Eule ist des andern Nachtigall:* Die Eule ist ein Nachtvogel und die Nachtigall begrüßt den Tag. Das Sprichwort sagt: Was für den einen schlecht ist, kann für einen anderen gut sein.

Zusammenfassung

1 Ich kann jetzt ...

... berichten, welche Verkehrsmittel ich benutze.
... beschreiben, wie man mit dem Bus, der Bahn ... zu einem bestimmten Ort kommt.
... Reiseinformationen erfragen.
... nach Preisen und Ermäßigungen fragen.
... auf Schwierigkeiten während der Reise reagieren.
... mich auf ein Gespräch vorbereiten und ein Gespräch führen.
... wichtige Informationen aus einem Interview zusammenfassen.

2 Wortfelder: Thema „Verkehr"

a Verkehrsmittel

Nomen	Verben	Ortsangaben
der Bus/Zug	nehmen	an der Haltestelle „Rathaus"
die Straßenbahn/U-Bahn	einsteigen – aussteigen	an der Station „Stachus"
das Taxi	umsteigen	an/auf Gleis 3
das Auto/Motorrad/Fahrrad		an der Kreuzung/Ampel
der Führerschein		
der (Motor)roller		
die Einbahnstraße		
der Zebrastreifen		

b Zugfahrt

Nomen	Verben	Adjektive
der Bahnhof	fahren	schnell – langsam
die Information	abfahren	günstig – teuer
der Fahrplan	ankommen	(zu) früh – (zu) spät
die Verspätung	fragen	lang – kurz
das Gleis	reservieren	pünktlich – verspätet
der Fahrschein / die Reservierung	kaufen	
die Ermäßigung	einsteigen	
der Wagen / die 1./2. Klasse	aussteigen	
das Abteil / der (Sitz)Platz	umsteigen	

3 Grammatik

a trotzdem

Ich hatte keine Reservierung.　　　　　　　Trotzdem habe ich einen Sitzplatz bekommen.
Ich habe keine Lust, Fahrrad zu fahren.　　Trotzdem machen wir heute eine Tour.
● Fliegen ist sicherer als Auto fahren.　　○ Trotzdem habe ich immer Angst davor.

b obwohl

Ich finde Großstädte cool,　　　　　　　　obwohl ich nicht in der Großstadt (lebe).

Ich fahre jeden Tag mit dem Schulbus,　　　obwohl ich den Bus (hasse).

● Meine Schwester fährt Motorrad.　　　　○ Was? Obwohl sie keinen Führerschein hat?

Computerwelten

downloaden/herunterladen · der Drucker · das Fenster · doppelklicken · die Website · surfen · brennen · der Laptop · das WWW (World Wide Web) · das Programm · eintippen · der Computer · das Notebook · installieren · surfen · das Internet · der Link · der Cursor / der Zeiger · die Daten · programmieren · das Kabel · die Festplatte · kopieren · die Maus · abstürzen · scannen · die Homepage · die Geheimzahl · die DVD · das Laufwerk · die E-Mail · die Hardware · der/das Virus · mailen · löschen · chatten · der Bildschirm · die Tastatur · die Maustaste · die Software · speichern · die CD-ROM · das Modem

1 Wortschatz „Computer"

a Was kennt ihr schon? Was könnt ihr erkennen (Englisch/Muttersprache)?

b Verteilt die Begriffe in der Klasse und formuliert zu jedem Begriff eine Aussage.

> Aus dem Internet kann man Musik herunterladen oder downloaden.

> Ich habe gestern ein neues Programm installiert.

2 LAN-Partys

a Wisst ihr, was eine LAN-Party ist? Wer hat schon daran teilgenommen?

b Lest Text A und beantwortet die W-Fragen: Wer verbietet *was* und *warum*? Wie seht ihr das?

A

Keine LAN-Partys in bayerischen Schulen

München – Das Kultusministerium hat in einem Schreiben die Schulen angewiesen, dass LAN-Partys nicht mehr in schulischen Räumen abgehalten werden dürfen. Als Begründung für dieses Verbot wird angeführt, dass „der Reiz für die jungen Leute darin besteht, dass fast immer indizierte bzw. als jugendgefährdend eingestufte Spiele gespielt werden, und das meist in aller Öffentlichkeit", und dass der dadurch hervorgerufenen „gewissen Abstumpfung" und dem „Verlust an Mitgefühl" entgegengewirkt werden müsse.

B

Das Endstadium

Ich habe es erreicht. Das absolute Endstadium. Ich habe schon oft davon gehört. Die Symptome sind bei jedem anders. Für mich ist das Endstadium jedoch klar definiert:

Ich kann die Internetverbindung nicht trennen und den Computer nicht herunterfahren, obwohl ich total erschöpft und mit brennenden Augen und zitternden Händen vor dem Bildschirm sitze.

Man muss einfach noch mal E-Mails checken, noch mal die Newssite ansurfen. Vielleicht gab es ja doch ein Update. Noch einmal dies, noch einmal das. Es wird immer später. Das Leben ist sinnlos, wenn der Rechner aus ist. Er ist ein fester, wichtiger Teil, eine Erweiterung meines Bewusstseins. Wenn der Rechner herunterfährt, ist es ein bisschen wie sterben. Mein Computer muss an sein. Die Internetverbindung muss stehen. Sonst bin ich ganz alleine. Und ich will nicht alleine sein. Ich liebe meinen Computer. Und mein Computer liebt mich. Ich glaube ganz fest an uns.

---

3 **Lest Text B. Habt ihr auch öfter brennende Augen und zitternde Hände? Wie benutzt ihr den Computer? Macht eine Umfrage und präsentiert die Ergebnisse.**

Schritt 1: Was wollt ihr wissen? Überlegt euch Fragen und macht einen Fragebogen, z. B.: Wie oft bist du in der Woche im Internet? (Unterschiede Jungen/Mädchen?) Wie viele Stunden/Minuten?

Schritt 2: Macht dann die Umfrage in der Klasse / in der Schule.

Schritt 3: Überlegt euch, wie ihr das Ergebnis präsentieren könnt: Tafel, Folie, Plakat, Power Point …

4 **Computer und Internet: Erwachsene und Jugendliche, Lehrer und Schüler, Mädchen und Jungen … – Wer kann was? Wer mag was (nicht)? Sprecht in der Klasse.**

Also, mein Opa ist schon fast 80, aber er hat sich jetzt einen Computer gekauft und surft jeden Tag stundenlang.

Mein Vater hat schon seit zwei Jahren einen Computer, aber er kann immer noch kein Attachment öffnen.

Es stimmt schon, dass die Mädchen bei uns keine Ahnung vom Computer haben, aber ich kenne mindestens zwei Ausnahmen: Meine Schwester und meine Mutter, die sind echt fit.

m Informatikunterricht lernen die Lehrer auch manchmal von den Schülern, das finde ich besonders cool.

Ich sage nur: Je älter, desto schwieriger! Meine Eltern werden das nie lernen!

5 Computergedicht
a **Hört zu und lest. Ist das Verhalten von Tilda typisch?**
b **Kann jemand aus der Klasse „Tilda" spielen?**

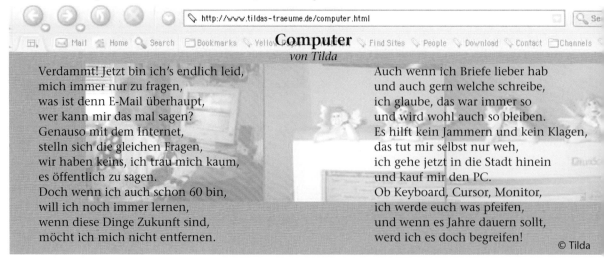

http://www.tildas-traeume.de/computer.html

Mail · Home · Search · Bookmarks · Yellow · Find Sites · People · Download · Contact · Channels

Computer
von Tilda

Verdammt! Jetzt bin ich's endlich leid,
mich immer nur zu fragen,
was ist denn E-Mail überhaupt,
wer kann mir das mal sagen?
Genauso mit dem Internet,
stelln sich die gleichen Fragen,
wir haben keins, ich trau mich kaum,
es öffentlich zu sagen.
Doch wenn ich auch schon 60 bin,
will ich noch immer lernen,
wenn diese Dinge Zukunft sind,
möcht ich mich nicht entfernen.

Auch wenn ich Briefe lieber hab
und auch gern welche schreibe,
ich glaube, das war immer so
und wird wohl auch so bleiben.
Es hilft kein Jammern und kein Klagen,
das tut mir selbst nur weh,
ich gehe jetzt in die Stadt hinein
und kauf mir den PC.
Ob Keyboard, Cursor, Monitor,
ich werde euch was pfeifen,
und wenn es Jahre dauern sollt,
werd ich es doch begreifen!

© Tilda

6 Schaut euch das Foto an und sammelt Ideen. Worum geht es hier?

7 Das Lesen vorbereiten: Klärt zusammen die Bedeutung der folgenden Begriffe.

Generationendialog – Senioren – Dauerbrenner – Vorgesetztenrolle

8 Lest die Aussagen 1–6. Glaubt ihr, dass die Aussagen so stimmen?
Sprecht in der Klasse und überprüft dann mit dem Text.

1. Viele Senioren haben Angst, dass ihre Kinder und Enkel Probleme mit dem Computer haben.
2. Viele Jugendliche haben nicht viel Erfahrung mit dem Computer und brauchen den Rat von Erwachsenen.
3. Senioren haben keine Lust und keine Geduld, sich mit Computern zu beschäftigen. Es ist alles zu kompliziert.
4. Jugendliche haben keine große Lust, mit älteren Leuten über moderne Medien zu sprechen.
5. Für die Jugendlichen ist es unangenehm, die Rolle von Lehrenden und nicht von Lernenden zu haben.
6. Es ist klar, dass ältere Leute immer Probleme mit dem Internet haben werden und dass auch die Sache mit den E-Mails für die meisten ein Zaubertrick oder Hexerei bleibt.

9 Lesetext – Lest und macht Notizen zu den Zwischenüberschriften.

a Fasst die wichtigsten Punkte in eigenen Worten zusammen.
b Wortschatz – Welche Wörter können die *kursiven* Wörter im Text ersetzen?

merken – gibt es – Magie/Zauberei – genaue – großes Interesse haben – voll – machen – haben

Die Idee

„Allen macht's Spaß", das ist die Meinung der Teilnehmer am Kurs „Surfen im Internet – Jung zeigt Alt wie's geht". Die Idee dazu ent-
5 stand in einem Gespräch zwischen Hubert Hagel, Lehrer der Gebhard-Müller-Schule (Wirtschaftsgymnasium) am Berufsschulzentrum Biberach, und der Vorsitzenden des „Vereins zur Förderung des Generationendialogs",
10 Ute Poss. Viele Senioren möchten gern wissen, was ihre Kinder und Enkel da am Computer eigentlich *treiben*, haben aber keinen Mut, sich damit zu beschäftigen. Für die Jungen dagegen ist der Umgang mit dem Com-
15 puter längst selbstverständlich und sie *verfügen* über ein umfangreiches Know-how. Warum also nicht einfach diese beiden Gruppen miteinander in Kontakt bringen?

20 Dauerbrenner

Was Ende 1999 als Versuch begann, ist inzwischen eine Art Dauerbrenner, denn noch immer ist das Interesse so groß, dass auch der zehnte Kurs für das Frühjahr 2004 schon
25 fast *ausgebucht* ist. Das Besondere ist, dass hier jeder Senior-Schüler einen Schüler-Lehrer neben sich sitzen hat. Wann immer man also etwas nicht richtig verstanden hat, kann man unmittelbar nachfragen und es gibt keine
30 Wartezeiten.

Spaß

Und die ganze Sache macht nicht nur den Senioren Spaß, sondern auch den Jugendlichen. Sie *sind* geradezu „*scharf darauf*", ihre
35 Kompetenz in den modernen Informationsmedien weiterzugeben, und das, obwohl der Kurs eine Unterrichtsveranstaltung des Fachs Datenverarbeitung in Klasse zwölf ist, die

sorgfältige Vorbereitung erfordert und auch
40 benotet wird. „Die Schüler wollen unbedingt in diesen Kurs", sagt Studiendirektor Ernst Häusser, Computerexperte der Schule und Leiter des Kurses. Gründe dafür gibt es viele.

45 Neue Rollen

Einerseits ist es natürlich die Freude an der Erfahrung, eigene Kenntnisse weiterzugeben. Die Jugendlichen, sonst fast immer in der Rolle der Lernenden, *spüren* auf einmal, dass
50 ihre Fähigkeiten gefragt sind, dass ihr Wissen einen Wert hat. Aber sie brauchen auch Mut, vor anderen Menschen zum Beispiel öffentlich frei zu reden. „Viele von euch werden studieren und einige werden danach in einer
55 Vorgesetztenrolle sein, da muss man das können", hieß es in der Einführung des letzten Kurses. Diese Fähigkeit ist auch für die vielen Prüfungen in der Schule sehr wertvoll.

Kursprinzip

60 Insgesamt *umfasst* der Kurs zehn Unterrichtseinheiten zu je anderthalb Stunden. Jedes Mal halten zu Beginn zwei Schüler ein etwa zehnminütiges Referat als Einführung, danach beginnen die Übungen, die alle Internet-Mög-
65 lichkeiten wie Surfen, Chatten oder Mailen sowie auch einen Einstieg in die Textverarbeitung umfassen. Jeder der etwa fünfzehn Teilnehmer hat natürlich einen Computer für sich. Und die Senioren, manchmal schon über
70 achtzig, freuen sich über die Entdeckung, dass sie für die neuen Medien nicht zu alt sind, dass das Internet relativ einfache Regeln hat und dass die Sache mit den E-Mails alles andere als *Hexenwerk* ist. Das Geheimnis des
75 Erfolges: „Beide Seiten haben etwas davon." Und nicht nur den Spaß an der Sache.

10 Etwas für andere erklären

a Einen Begriff verständlich erklären – Lest zuerst das Beispiel.

LAN-Party

Um den Begriff zu erklären, zerlege ich ihn in zwei Teile: Er besteht aus dem Teil LAN und dem Teil Party. LAN ist eine Abkürzung und steht für „Local Area Network". „Local Area Network" ist englisch und heißt so viel wie „lokal begrenztes Netzwerk", z.B. in einem Zimmer oder in einem Haus. In einem „Local Area Network" (wir wissen ja nun, was das heißt) können mehrere Computer mit einem gemeinsamen Server oder einem Internetzugang arbeiten.
Was haben wir jetzt? Ein lokal begrenztes Netzwerk und eine Party.
Kommen wir zur Party. Auf einer Party treffen sich in der Regel mehrere Leute mit gleichen Interessen, um zu feiern. Beides zusammen ist eine LAN-Party, auf der sich (meist) junge Leute treffen, um zusammen mit dem Computer zu spielen, Wissen und Erfahrungen auszutauschen und ein tolles Wochenende zu erleben.

b Wie gut könnt ihr etwas erklären? Arbeitet zu zweit.

Suchmaschine – Homepage – Newsgroup – Notebook – Virenschutzprogramm – Attachment

Das ist wie …	Das braucht man, wenn man …	Das bedeutet …
Das ist so ähnlich wie …	Man braucht/benutzt es, um … zu …	Das kommt aus dem
Es sieht so aus wie …	Damit kann man …	Englischen und bedeutet …
Es funktioniert wie …		
Das besteht aus …		
Das ist ein Teil von …		

11 Eine Erklärung – Hört das Beispiel. Was wird hier erklärt?

12 Engelchen und Teufelchen – Sprecht über das Bild.

13 Interview mit Harald Weiß (52),
Lehrer für Geschichte und Politik,
zum Thema „Schule und Internet".

a Vor dem Hören: Überlegt, was man
auf die Fragen 1–4 antworten könnte.

1. Welche Rolle spielt das Internet im Unterricht?
2. Wofür wird das Internet von den Schülerinnen und
   Schülern genutzt?
3. Wie gehen die Jugendlichen mit dem Internet um?
4. Hat das Internet die Jugendlichen von heute
   verändert?

b Hört das Interview und macht Notizen.

c Hier sind Stichpunkte zu den Fragen in 13a. Zu welchen Fragen passen a–d?

a) Informationen kopieren – nicht intensiv lesen – nicht nachdenken – Quellen nicht angeben
b) Möglichkeiten – Informationsbeschaffung – selbständiger – kritisch – Chancen – Gefahren
c) Referate – Vorbereitung – Schulzeit – zu Hause – Kontakte
d) Suchbefehl – Google – digitale Lexika – Schulbibliothek weniger – Art und Weise – radikal verändert

14 Hat Herr Weiß das im Interview gesagt? Entscheidet: richtig oder falsch?

1. Im Internet kann man viele Informationen finden.
2. Je mehr die Schüler mit dem Internet arbeiten, desto unselbständiger werden sie.
3. Die Schüler sollten die Informationen aus dem Internet einfach kopieren und übernehmen.
4. Das Internet kann auch negative Folgen haben.
5. Die Schüler benutzen das Internet fast nur zum Herunterladen von Musik.
6. Nur wenige Schüler haben zu Hause einen Internetanschluss.
7. Mit E-Mails können die Schüler schnell Kontakte zum Ausland bekommen.
8. Die Schüler lesen die Texte im Internet sehr genau.
9. Die Schüler sollen die Quellen der Texte, die sie im Internet gefunden haben, angeben.
10. Wenn die Schüler etwas suchen, dann gehen sie zuerst in die Bibliothek.
11. Je mehr die Schüler im Internet surfen, desto weniger Bücher lesen sie.
12. Die Art und Weise, wie die Schüler Informationen bekommen, ist heute ganz anders als früher.

15 Über ein Bild sprechen – Beschreibt das Bild und sprecht darüber.

16 Die Handtasche – Ein fächerübergreifendes Internetprojekt

Die Schüler und Schülerinnen der Sekundarschule Minerva in Basel (Schweiz) haben im Deutschunterricht, im Informatikunterricht und im Zeichenunterricht ein gemeinsames Internetprojekt gemacht. Sie haben einen literarischen Text ausgewählt, dazu passende Fotos gemacht und das Ganze dann mit dem Computer „animiert". Die folgende Fotogeschichte wurde zum Text fotografiert.

a Seht euch die Fotos genau an. Worum könnte es in der Geschichte gehen?

Minerva Schulen Basel
Projektleitung: Christian Graf
http://projekte.minerva-schulen.ch/
html/projekte/dramen/index.htm

b Vergleicht eure Vermutungen mit dem Originaltext. Habt ihr die gleiche Geschichte „gesehen"?

Die Handtasche
von Michael Augustin

Ein gewisser Blunk, der sich als berufsmäßiger Handtaschenräuber einen Namen gemacht hat, gerät anlässlich einer seiner Überfälle an die 82-jährige Elisabeth Schröder, welcher er mit dem üblichen kur-
5 zen, heftigen Ruck die Handtasche zu entreißen gedenkt.
Nun kommt es in der Tat häufig vor, dass betagte Damen in dieser Situation vor lauter Schreck vergessen, die Hand sogleich zu öffnen, und folglich
10 zunächst einmal zu Boden gerissen werden, um sich dort einen Oberschenkelhalsbruch zuzuziehen, bevor sie schließlich den Tragegurt fahren sowie den Räuber laufen lassen.
Ganz anders hingegen die 82-jährige Elisabeth Schrö-
15 der. Sie denkt überhaupt nicht daran, die Handtasche loszulassen, was zur Folge hat, dass Blunk die alte Dame hinter sich herzerren muss, durch die Büsche, quer über die ausgedehnten Grünflächen des Parks, ja, durch die gesamte Innenstadt, hinein in einen
20 Linienbus und wieder raus, stundenlang, bis Blunk, an sich ein gut durchtrainierter und kräftiger junger Mann, vor Erschöpfung kaum noch vorankommt und endlich auf offener Straße stehen bleiben muss. Auf diesen Moment hat die 82-jährige Elisabeth Schröder
25 natürlich nur gewartet, rappelt sich also ruck, zuck wieder auf und zieht nun ihrerseits den entsetzten Blunk hinter sich her, und zwar so lange, bis sie nicht mehr kann und er also wieder dran ist.
So geht das jetzt schon seit drei Jahren und alle den-
30 ken, die beiden haben etwas miteinander.

c Die Geschichte von Michael Augustin enthält viele unbekannte Wörter. Könnt ihr das Wichtigste in euren eigenen Worten und einfacher sagen?

Herr Blunk ist ein Handtaschenräuber. Eines Tages versucht er, die Handtasche von Frau Schröder zu nehmen. Aber Frau Schröder hält die Tasche fest. ...

17 Projekt – Wie gefällt euch die Idee? Habt ihr auch Lust, so etwas zu produzieren?

18 *Je ... desto*

a Diskutiert die folgenden Behauptungen.

1. Je älter man ist, desto klüger ist man.
2. Je schneller, desto besser.
3. Je mehr Technik es gibt, desto leichter wird das Leben für die Menschen.
4. Je teurer etwas ist, desto mehr wert ist es auch.
5. Je lauter man schreit, desto mehr Leute hören zu.
6. Je öfter man etwas tut, desto besser kann man es.
7. Je ehrlicher man ist, desto mehr Probleme hat man im Leben.
8. Je gesünder man isst, desto länger lebt man.
9. Je weniger man im Leben will, desto mehr bekommt man.

b Wie werden Aussagen mit *je ... desto* gebildet? Findet Regeln.
c Schreibt Aussagen wie in a und sprecht darüber.

19 Verben im Partizip I – Eine Grammatikregel finden. Lest 1–4. Wie wird das Partizip I gebildet und wie wird es gebraucht?

1. Wenn ich drei Stunden im Internet gesurft habe, habe ich *brennende* Augen, *zitternde* Hände und einen dicken, *brummenden* Kopf.
2. In der Pause sieht man überall *telefonierende* Schüler.
3. Ein *bellender* Hund beißt (meistens) nicht.
4. Am Reichstag in Berlin gibt es immer Gruppen von *fotografierenden* Touristen.

20 Partizip I oder nicht? Korrigiert die falschen Sätze.

1. Ein lachen Kind ist etwas Schönes.
2. Maria saß weinend am Tisch. Ihre Katze war tot.
3. Im Internet surfen Senioren sind noch selten, aber es werden immer mehr.

4. Das linke Bild hat den Titel.
   „Schlafende Hunde mit Katze".

5. Das rechte Bild könnte
   man ... nennen.

21 Emoticons – Erfindet Titel für die Emoticons wie im Beispiel.

schreien
rauchen
böse rufen
weinen
pfeifen
schlafen
lächeln

1.
2.
3.
4.)(-.-)Zzz
5.

Nr. 4 ist ein schlafendes Emoticon.

6.
7.

Zusammenfassung

1 Ich kann jetzt …

… über Computer und Internet sprechen.
… schwierige oder unbekannte Begriffe und Sachverhalte einfach erklären und beschreiben.
… eine Umfrage zu einem Thema vorbereiten, durchführen, auswerten und präsentieren.
… über Vorteile und Gefahren von Internet in der Schule diskutieren.
… über ein fächerübergreifendes Internetprojekt sprechen und Vorschläge für eigene Projekte machen.
… einen schwierigen Text mit eigenen Worten einfacher wiedergeben.

2 Wortfeld: Computer

der	das	die	Verben (deutsch)	Verben (ähnlich wie im Englischen) mit deutschen Endungen
Bildschirm	Fenster	CD-ROM, DVD	abstürzen	chatten
Computer	Internet	Datei	brennen	downloaden
Cursor/Zeiger	Kabel	E-Mail	eintippen	installieren
Drucker	Laufwerk	Festplatte	herunterladen	kopieren
Laptop	Modem	Geheimzahl	(doppel)klicken	mailen
Link	Notebook	Hardware	löschen	programmieren
Virus	Programm	Homepage	speichern	scannen
	Virus	Maus		surfen
	WWW (World Wide Web)	Maustaste		
		Software		
		Tastatur		
		Website		

3 Grammatik

a je … desto

Nebensatz: *je* + Komparativ

Je mehr ich über die Grammatik ⟨ nachdenke ⟩,

Je kleiner ein Handy ⟨ ist ⟩,

Je mehr Wörter ich ⟨ lerne ⟩,

Hauptsatz: *desto* + Komparativ

desto weniger ⟨ verstehe ⟩ ich sie.

desto teurer ⟨ ist ⟩ es meistens auch.

desto besser ⟨ kann ⟩ ich Deutsch verstehen

und ⟨ sprechen ⟩.

b Partizip I als Adjektiv

Infinitiv + *d* + Adjektivendung

Ein Smiley ist eine Zeichnung, die ein lachen**des** Gesicht zeigt.

Ein immer wieder abstürzen**der** Computer ist eine Katastrophe.

Schwitzende Hände, zitternde Knie, ein rasendes Herz — klarer Fall! … Wie heißt sie?

SPRECHTRAINING

Die mündliche Prüfung – Eine Simulation

1 **Lest die Informationen zum Ablauf der Simulation.**

- Die Simulation dauert insgesamt ca. 35 Minuten.
- Du hast 20 Minuten Zeit, dich mit den Vorgaben im Kursbuch auf drei Gespräche (Teil 1–3) mit einer Partnerin / einem Partner vorzubereiten.
- In der Vorbereitungszeit dürft ihr nicht miteinander sprechen.
- Du kannst und solltest dir aber Notizen machen.
- Die drei Gespräche dauern zusammen etwa 15 Minuten.
- Führe mit deiner Partnerin / deinem Partner möglichst „normale" Gespräche, d.h., wende dich ihr/ihm zu und reagiere verbal auf ihre/seine Beiträge.
- Ihr sollt beide zu Wort kommen, damit ein abwechslungsreiches Gespräch entsteht. Hilf deiner Partnerin / deinem Partner, wenn sie/er einmal sprachlich nicht weiterweiß.

Wenn du in der Vorbereitungsphase bei den Teilen 2 und 3 unsicher bist, helfen dir vielleicht die Tipps nach den Aufgaben.

Teil 1 **Kontaktaufnahme**	**Teil 2** **Gespräch über ein Thema**	**Teil 3** **Gemeinsam eine Aufgabe lösen**
Du und deine Partnerin / dein Partner führen ein kurzes Gespräch, um euch ein bisschen näher kennen zu lernen oder mehr voneinander zu erfahren. Ihr sollt euch dabei nicht gegenseitig ausfragen oder schnell alle Themen abhandeln, sondern zwanglos anhand der vorgegebenen Themen miteinander ins Gespräch kommen.	Ihr habt unterschiedliche Informationen zu einem gemeinsamen Thema (Texte + Abbildungen). Stellt euch zunächst gegenseitig eure Informationen vor. Geht dabei nur auf die wichtigsten Dinge ein. Danach sollt ihr über das Thema sprechen und eure Ideen und Meinungen bzw. Erfahrungen austauschen.	Ihr bekommt eine Aufgabe gestellt. Versucht, die gemeinsame Aufgabe zu lösen, indem ihr euch eure Ideen gegenseitig vorstellt, Vorschläge macht, auf Ideen und Vorschläge reagiert, sie diskutiert und gemeinsam entscheidet, was alles zu tun ist und wer welche Aufgaben übernimmt.
Prüfungszeit: ca. 3 Minuten	Prüfungszeit: ca. 6 Minuten)	Prüfungszeit: ca. 6 Minuten

2 **Bearbeitet nun die drei Aufgaben.**

Teil 1 – Kontaktaufnahme

Unterhalte dich mit deinem Partner / deiner Partnerin. Folgende Themen sind möglich:

Überlege dir noch ein oder zwei zusätzliche Themen zur Person, die du ins Gespräch einbringen könntest. Notiere die Themen.

> – Name
> – wo und wie sie/er wohnt
>   (Wohnung/Haus, Garten ...)
> – Familie/Geschwister
> – Haustiere
> – Sprachen (welche, wie lange, warum)
> – ob sie/er schon im Ausland war
> – welche Musik sie/er gerne hört

Teil 2: Gespräch über ein Thema: „Freizeitgestaltung"

In diesem Teil haben du und deine Partnerin / dein Partner unterschiedliche Vorlagen (A/B) zum Thema „Freizeitgestaltung".
Informiert euch zunächst gegenseitig über die Inhalte von Texten und Abbildungen. A beginnt. Tauscht euch danach darüber aus, wie ihr selbst eure Freizeit gestaltet.

Tipp
Referiere nicht alle Daten aus der Statistik, sondern nenne die Punkte, die dir besonders wichtig erscheinen – weil die Werte z. B. so extrem sind, weil dich etwas überrascht hat oder weil die Daten gut zum Text passen.

Tipp
Versuche, Verbindungen zwischen den Aussagen deiner Partnerin / deines Partners und deinen eigenen Aussagen herzustellen. Überlege dir nicht nur, was du sagen kannst, sondern auch, was du fragen kannst.

A

Mediennutzung in der Freizeit (deutsche Jugendliche, 12–19 Jahre)

„mindestens mehrmals pro Woche" (in %)	insgesamt	Jungen
fernsehen	93	93
CDs oder Musikkassetten hören	92	92
Radio hören	84	80
einen Computer benutzen	60	70
Zeitung lesen	59	59
Zeitschriften bzw. Magazine lesen	45	44
Bücher lesen	36	25
Videos ansehen	20	23
Hörspielkassetten hören	12	8
Comics lesen	11	14
ins Kino gehen	3	3

„In meiner Freizeit arbeite und spiele ich viel am Computer, eigentlich jeden Tag. Einmal in der Woche gehe ich zum Handball. Letztes Jahr habe ich angefangen, E-Gitarre zu spielen. Ich müsste häufiger üben. Zweimal in der Woche reicht eben nicht, um gut zu sein. Ungefähr alle zwei Wochen bin ich auf einer Party eingeladen."

Markus, 15

B

Mediennutzung in der Freizeit (deutsche Jugendliche, 12–19 Jahre)

„mindestens mehrmals pro Woche" (in %)	insgesamt	Mädchen
fernsehen	93	92
CDs oder Musikkassetten hören	92	92
Radio hören	84	89
einen Computer benutzen	60	49
Zeitung lesen	59	59
Zeitschriften bzw. Magazine lesen	45	46
Bücher lesen	36	47
Videos ansehen	20	17
Hörspielkassetten hören	12	17
Comics lesen	11	7
ins Kino gehen	3	3

„In meiner Freizeit treffe ich mich oft mit Freunden. Wir diskutieren dann viel über die Schule, Politik und natürlich über Liebe. Mit meiner besten Freundin gehe ich etwa einmal in der Woche in die Stadt bummeln und shoppen. Pro Woche lese ich ungefähr ein Buch. Meine Freunde sind viel im Internet. Ich habe aber leider noch keinen eigenen Computer."

Katharina, 15

Teil 3: Gemeinsam eine Aufgabe lösen

Du und deine Partnerin / dein Partner wollen für die gemeinsame Freundin Annika eine Überraschungsparty organisieren. Annika war für ein halbes Jahr im Ausland und kommt am nächsten Samstag um 20 Uhr zurück. Ihr freut euch, dass sie zurückkommt, und wollt sie mit der Überraschungsparty begrüßen.
Du und deine Partnerin / dein Partner haben den gleichen Zettel mit Notizen. Dazu solltet ihr einige Stichwörter notieren.

Wo?

Wer kommt?

Musik?

Essen/Trinken?

Geschenk?

Aktionen?

Tipp	Die Situation ist fiktiv und nicht alles ist durch die Situationsbeschreibung festgelegt. Lass deine Fantasie spielen: Du kannst Fakten erfinden, z. B. ob Annika einen Freund hat, ob sie gerne Hip-Hop hört … Wenn du keine Idee hast, dann formuliere einfach eine Frage an deine Partnerin / deinen Partner: *Ist Annika eigentlich noch mit Klaus zusammen? Isst Annika Fleisch? …*
Tipp	Stellt euch zuerst eure Ideen vor, ohne über sie zu entscheiden. Vergleicht zunächst. Vielleicht habt ihr ja ähnliche Ideen und ihr könnt den einen oder anderen Aspekt schnell bearbeiten.
Tipp	Wenn ihr wisst, wie die Party sein soll, seid ihr noch nicht fertig, aber ihr habt einen wichtigen Schritt geschafft. Den Rest könnt ihr mit den folgenden Fragen strukturieren und klären:

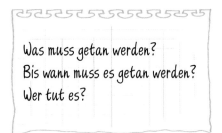

Was muss getan werden?

Bis wann muss es getan werden?

Wer tut es?

3 Evaluation: Versucht, euch selbst einzuschätzen. (☺☺☹)

Prüfungsteil	Kriterien Ausdrucks- fähigkeit	Aufgaben- bewältigung	Formale Richtigkeit	Aussprache/ Intonation
1 Kontaktaufnahme				
2 Gespräch über ein Thema				
3 Lösen einer Aufgabe				

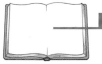

4 **Bearbeitet zuerst die Aufgaben 1–7. Sie haben alle etwas mit der Geschichte zu tun und helfen, den Text später zu verstehen.**

1. Die Geschichte spielt in einem Hallenbad. Was fällt euch zu diesem Ort ein? Sammelt Wörter, beschreibt Situationen und die Atmosphäre.

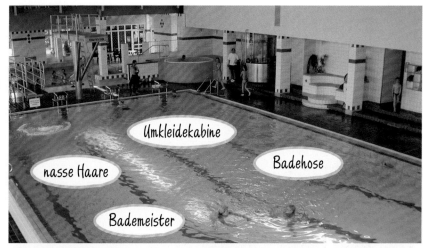

2. Welche Sonnenbrille gefällt euch am besten? Warum?

3. Begrüßungen auf Deutsch – Welche kennt ihr? Was habt ihr schon gehört?

4. Lachen: nervig oder witzig? Hört die Lacher. Welche gefallen euch, welche nicht?

45

verschmitzt   schadenfroh/mies   lautstark/blechern   glucksend

5. Was ist das? Sammelt Ideen, Assoziationen etc. zu den Begriffen.

Händchen halten

6. Lest die Anzeige. Würdet ihr dem Jungen antworten?

> *Ich, netter Boy (15), bin hilfsbereit und zuverlässig.*
> *Habe zwar einen kleinen Bauch, bin aber trotzdem sportlich.*

7. *Ein Freund – mein Freund.* Erklärt den Unterschied.

5 **Lest jetzt den Text. Unten auf den Seiten findet ihr Worthilfen. Ihr könnt auch mit dem Wörterbuch arbeiten.**

Neben dem blauen Seepferdchen
Von Josef Reding

Erst mochte ich sie. Dann wieder gar nicht. Dann war alles ganz anders. Und jetzt bin ich ratlos.
Sie fiel mir auf, weil sie so angenehm lachte. Sie saß im Hallenbad neben den Keramikfliesen mit
5 dem blauen Seepferdchen und lachte über eine Bemerkung ihrer Freundin.
Was Lachen angeht, bin ich überempfindlich. Leute mit miesem Lachen kann ich nicht ausstehen. Wenn da einem an der Schaschlikbu-
10 de ein Pappbecher mit Fanta über die Jeanshose kippt und ein anderer ist dabei und lässt ein schadenfrohes „Höhöhöhöhö" los, dann hat er bei mir schon ausgepfiffen. Auch die „Hihihi-hi"-Lacher sind nicht mein Fall. Und am
15 Meckerlachen „Hehehehehe" von Elvira ist unsere Freundschaft zu Bruch gegangen.
Aber das Mädchen neben dem blauen Seepferdchen lacht gut. Es ist kein lautes Lachen, was da aus dem schmalen Mund
20 kommt. Eher ein herzliches Glucksen.

ratlos = man weiß nicht mehr, was man sagen / machen soll
überempfindlich = zu sensibel
mies = gemein/böse
zu Bruch gehen = kaputtgehen

Keramikfliese
mit Seepferdchen

Ich schwimme zum Beckenrand in die Nähe des blauen Seepferdchens, um noch mehr von dem Lachen zu haben. Aber das Lachen hat schon aufgehört. Die Freundin ist vom Dreimeterbrett
25 ins Wasser gehechtet.

Das Mädchen sitzt jetzt allein da.

Sie greift in die Badetasche und holt ein Stück Pullover mit Stricknadeln und Wollknäueln heraus. Der Pullover muss schick werden: orange
30 und schwarz. Gestreift. Immer zwei Fingerbreit orange und dann wieder zwei Fingerbreit schwarz.

Die Stricknadeln beginnen leicht zu klicken. Prima und flink macht die Kleine neben dem
35 Seepferdchen das. Sie ist so sicher in ihren raschen Fingerbewegungen, dass sie gar nicht auf ihr Strickzeug schauen muss. Sie hat Zeit, mit ihrer Sonnenbrille zum Schwimmbecken zu schauen. Und zu mir. Ich rufe: „Hei!" Und dann
40 rufe ich noch einmal „Hei!" und schicke einen Wasserspritzer zu der Kleinen hinüber.

Sie verreibt mit einer Hand das plötzliche Wasser im honiggelben Frottee ihres Bademantels. Dann sagt sie zögernd zu mir herüber: „Hei!"
45 Ich freue mich. Ich freue mich, dass sie wegen der Hand voll Wasser nicht geschimpft hat. Und ich freue mich über die gelassene, gleichmäßige Handbewegung, mit der sie den kleinen Schwall Wasser verreibt. Und natürlich freue ich mich,
50 dass sie zurückgrüßt.

Zepps schwimmt an mir vorbei. „Du, sie lächelt! Kauf Möbel!", grinst er. Dann ist er schon wieder am Wasserball.

Ich stoße mich vom Beckenrand ab und mache
55 Rückenschwimmen, um das Mädchen, das weiterstrickt, nicht aus den Augen zu verlieren.

Ich überlege mir einen Gesprächsanfang. Gesprächsanfänge sind wichtig. Steigt man flott in ein Gespräch ein, gibt man die Sätze wie
60 Pingpongbälle so an den anderen ab, dass er sie auffangen und zurückgeben kann, dann läuft der Karren schon gut weiter. Natürlich: Man kann auch am Anfang so dämlich daherreden, dass man sich gleich eine kalte Schulter einhan-
65 delt.

Ich spiele ein paar Anfänge durch, wie sie wohl für die Kleine neben dem Seepferdchen passen könnten.

Also, ich sage: Klasse Pullover, den du da
70 machst. Spitze! Geschmack!

Dann sagt sie wahrscheinlich: Danke!

Und ich wieder: Beneide den, der den Pulli kriegt! Bruder? Oder Freund?

Jetzt höre ich scharf hin. Wenn sie Freund sagt,
75 muss ich fragen: Fester?

Für lockere Freunde stricke ich keinen Pullover. Sagt sie das und lächelt dabei?

Oder macht sie wieder ihr Lachen an?

Mir steht der Pullover viel besser, werde ich
80 dann … Ach, Quatsch! Der Wasserball springt mir ans Kinn. Zepps hat ihn geworfen. „Nilpferd!", rufe ich. Zepps bringt sein blechernes Lachen, das meine Trommelfelle beunruhigt.

Jetzt sehe ich wohl nicht gut aus, so missgelaunt
85 und auf dem Rücken. Mein Bauch ist wie eine kaffeebraune Insel. Sagen wir: milchkaffeebraun. Wirklich, ich hab einen kleinen Speckbauch. Angefuttert, als ich nach Fahrradsturz und Armbruch vier Wochen im Krankenhaus war. Wenig
90 Bewegung, viel Besuch mit Schokolade und Sahneteilchen! Da hat man auf einmal mit fünfzehn einen Wulst von Hüfte zu Hüfte.

Ich drehe mich rasch und kraule unentschlossen und richtungslos. Eigentlich möchte ich der
95 Kleinen neben dem blauen Seepferd Eindruck machen.

Springen? Beim Springen wirke ich wie ein Mehlsack. Mir fehlt das durchgedrückte Kreuz, das Federnde beim Absprung. Zepps ist ein
100 Springer. Ich bin ein Faller.

Strickzeug mit Wollknäuel

flink, flott = schnell
gelassen = ruhig
nicht aus den Augen verlieren = weiter beobachten
der Karren läuft gut = etwas funktioniert gut
sich eine kalte Schulter einhandeln = eine negative
  Reaktion bekommen
kraulen – Schwimmstil
jmd. Eindruck machen = jmd. imponieren/gefallen
das Kreuz = hier: Rücken

Mehlsack auf Sprungbrett

Speckbauch

Aber ich bin ein ausdauernder Taucher. Wenn bei uns zu Hause oder in der Klasse gespielt wird „Wer kann am längsten die Luft anhalten?", dann hab ich mit Abstand die beste Puste. Brust-
105 korb und Ökonomie! Die meisten machen beim Tauchen den Fehler, sich die Lunge bis zum Gehtnichtmehr mit Luft vollzusaugen. Ich atme nur normal ein und komme so besser hin.

Wenn ich jetzt tauche, muss mich das Mädchen
110 neben dem Seepferd sehen. Ich rufe: „Hei!" Aber das Gesicht des Mädchens ist zum Sprungturm gerichtet, wo Zepps mit Hepphepp die vordere Brettkante auf- und abjumpen lässt.

Noch einmal rufe ich: „Heihei!" Die muss dich
115 ja für blöd halten, denke ich. Immer nur „Hei!"

Ich rufe: „Auf Tauchstation!", winke und bringe mich mit ein paar Armstößen bis knapp über den Grund.

Einmal quer durch das Becken war bisher mein
120 Rekord. Ich schwimme ohne Hast unter Wasser. Manchmal öffne ich die Augen. Nicht zu lange, wegen des Chlors. Ein zappelndes Beinpaar. Jetzt erkenne ich die Fliesenwand auf der gegenüber- liegenden Seite. Noch zwei Armbewegungen,
125 noch eine – jetzt berühre ich den Rand. Aber ich kann noch weiter. Drehe, schwimme unter Was- ser zurück. Komme bis zur Mitte des Beckens. Da lasse ich mich hochtreiben und japse und hechele glücklich. Eineinhalbmal quer!

130 Hat das Mädchen mein Rekordtauchen gese- hen?

Sicher, sie schaut mit ihrer Sonnenbrille auf mich.

Ich winke dem Mädchen zu. Sie reagiert nicht.
135 Na ja, beim Stricken kann man schlecht winken.

„Wie war ich?", frage ich, als ich mich neben das Mädchen setze, ein wenig bibbernd.

Das Mädchen unterbricht das Stricken für einen Augenblick. „Wenn du schon danach fragst,
140 wirst du gut gewesen sein!"

„Ich möcht's von dir wissen", sage ich.

„Kann ich nicht beurteilen", sagt das Mädchen.

„Na, anderthalbmal, das ist doch schon eine An- strengung!", sage ich. „Soll ich noch einmal?"
145 „Warum nicht, wenn's dir Spaß macht", sagt das Mädchen.

Mit etwas Unmut mache ich einen Bauchplat- scher und tauche wieder die Strecke. Vielleicht

spornt mich der Ärger besonders an. Jedenfalls
150 beschließe ich beim Rückweg in der Bassinmitte, bis zum Rand durchzuhalten. Es klopft an den Schläfen. Vor den Augen flimmert's. In der Lunge ist es wie ein Stechen. Noch ein Zug. Noch einer. Aus.

155 Ich kann nicht mehr und stoße mich schräg zur Wasseroberfläche ab. Dabei berührt meine Hand unverhofft die Wand. Ich hab's zweimal geschafft!

Als ich über Wasser die Augen öffne, bin ich
160 empört. Das Mädchen ist nicht mehr neben dem Seepferdchen, sondern plantscht mit der Freun- din im Nichtschwimmerbecken. Ausgerechnet im Nichtschwimmerbecken. Mindestens in der zehnten Klasse und noch im Nichtschwimmer-
165 becken. Und dann lässt sie das Händchen ihrer Freundin nicht los. So ein Getue! Händchenhal- ten mit Freundin. Da gehört – wenn schon – eine Hand hin! Meine zum Beispiel. Aber Händ- chenhalten mit Freundin. Im Nichtschwimmer-
170 becken! Und ich tauche mir die Lunge aus dem Hals – für nichts und wieder nichts!

Aber schön ist die Wasserscheue! Selbst jetzt, wo sie das Gesicht unter den Spritzern verkneift, sieht sie schön aus. Was heißt das eigentlich:
175 schön? Sie ist angenehm anzusehen. Man möchte sie bei sich haben. Als Kumpel. Zum Sprechen, zum Miteinandergehen, zum Mitein- anderwaserleben!

Aber wie bringe ich das fertig, sie zu meinem
180 Kumpel zu machen? Mein Tauchen sollte ein Anfang sein. Aber die Wasserscheue hat meinen Rekord überhaupt nicht bemerkt. Und ich kann sie schließlich nicht dazu zwingen hinzuschau- en, wenn ich auf Tauchstation gehe.

185 Vielleicht sollte ich es einmal über ihre Freundin versuchen? Ich schaue sie an, wie sie mit der Wasserscheuen durch das Nichtschwimmer- becken stakst. Aber sie soll ja nur Katalysator sein. Hab ich aus der Chemiestunde in der
190 Berufsschule behalten. Katalysator ist ein Stoff, der eine Verbindung anderer Stoffe ermöglicht, ohne diese Verbindung selbst einzugehen. Rich- tig: Die mollige Freundin soll mich möglichst rasch mit der angenehmen Wasserscheuen ver-
195 binden und sich dann aus unserer Verbindung heraushalten.

---

tauchen = unter Wasser schwimmen	**eine Anstrengung** = hier: eine gute Leistung;
Luft anhalten = nicht atmen	**anspornen** = motivieren –
Puste = Luft/Atem; Einatmen = Luft holen	**empört sein** = sich ärgern
jumpen = springen	**plantschen** = im Wasser spielen;
ohne Hast = ohne Eile	**wasserscheu** = nicht gerne ins Wasser gehen
japsen, hecheln = schnell atmen;	**mollig** = rund, dicklich

Ich mache eine Rolle über das Seil, mit dem das Nichtschwimmerbecken abgetrennt ist, und bewege mich auf die Wasserscheue und ihre
200 Freundin zu. Ungern latsche ich durch das flache Wasser. Zwischen den kleinen Krabblern mit den bunten Schwimmreifen kommt man sich vor wie ein Opa im Kindergarten.

Gerade will ich die Freundin der Wasserscheuen
205 ansprechen, da dreht sie sich herum und zieht die Wasserscheue mit. Die beiden Mädchen gehen wieder zu ihrem Platz neben dem blauen Seepferdchen.

Ich stehe steif da wie ein Spazierstock im Fund-
210 büro. Wollen beide nichts von mir wissen?

Ärger und Zweifel lösen sich ständig bei mir ab. Ich bin kein Schönling mit meinem Bauchansatz und meiner Stirn, die nur drei Daumen hoch ist, Daumenbreiten, wohlgemerkt. Aber
215 mit dem beginnenden Bäuchlein: Das lässt sich herunterfasten. Und mancher Kahlkopf wäre froh, wenn ihm noch einmal Haare bis fast an die Augenbrauen wachsen würden! Und dann meine anderen Vorteile: Bin ein prima Teiler,
220 weil ich aus einer kinderreichen Familie komme! Teile sogar 'ne Salmiakpastille, wenn's drauf ankommt.

Und dann noch meine Hilfsbereitschaft! Bei mir würde jeder erschöpfte Steppenläufer ein Pferd
225 geliehen bekommen, wenn ich eins hätte. Und würde mich der benachbarte Farmer mitten in der Nacht um Beistand gegen die Smellsox-Banditen bitten, auf mein Gewehr könnte er sich verlassen. Das sind ja schließlich auch Werte, in-
230 nere und so! Ich kann ja schließlich nichts dafür, dass sich in unsere Straße weder erschöpfte Steppenläufer noch bedrängte Farmer verirren.

Ich nehme wieder die Richtung blaues Seepferdchen, setze mich vor die beiden Mädchen
235 auf die Fliesen und sage zu der Molligen: „Hallihallo!" Die hält beim Abtrocknen nur kurz inne, schaut über die Schulter zurück, ob ich wohl jemand anders gemeint haben könnte.

„Hallihallo!", sage ich noch einmal.
240 Die Mollige schweigt. Ich ziehe die Knie hoch und lege die verschränkten Finger auf die Schienbeine.

Da sagt die Schöne etwas. Sie sagt: „Ich mag deinen wunderbaren Reichtum an Begrüßungswor-
245 ten!"

„Ja?", frage ich verwirrt und erfreut.

„Ja", sagt die Schöne. „Erst dieses umwerfende Heihei und jetzt das berauschende Hallihallo!"

„Du sprichst so druckreif", sage ich. „Bist du ein
250 Einzelkind?" Ich frage das mit dem Einzelkind, weil ich einmal gelesen habe, dass die Eltern sich mehr mit Einzelkindern befassen.

„Wir sind zu zweit", sagt die Schöne. „Das ist meine Schwester." Und sie zeigt auf die Mollige.
255 „Wäre ich nicht darauf gekommen", sage ich.

„Du siehst so anders aus", sage ich zu der Schönen. „Ich meine, ihr beide seht anders aus …" Mensch, was rede ich dusslig daher! Aber bei den Mädchen ist gar keine Ähnlichkeit. Die Figur,
260 die Gesichter, die Augen … Welche Augenfarbe hat überhaupt die Schöne? Ach, ist nicht zu sehen, sie hat ihre Sonnenbrille auf.

Ich stehe da wie ein begossener Pudel. Nur um etwas zu sagen, frage ich: „Willst du mit mir
265 schwimmen gehen?"

„Im Moment nicht", sagt die Schöne. Ich bin froh, dass sie nicht einfach Nein gesagt hat. Im Moment nicht! Das gibt Hoffnung.

Ich kaufe am Kiosk eine Zeitung. Erst hatte ich
270 Zitronenbonbons kaufen wollen, aber Zitronenbonbons vor den beiden Mädchen? Zeitung sieht besser aus. Das Suchen nach der richtigen Zeitung hat ein paar Minuten gekostet. Als ich in die Schwimmhalle zurückkomme, ist die Stel-
275 le neben dem blauen Seepferdchen leer. Die beiden Mädchen sind auch nicht im Becken.

Ich möchte wissen, wohin die Schöne geht, wo sie wohnt. In der Umkleidekabine mache ich schnell, trockne mich kaum ab, ziehe die Sachen
280 über die feuchte Haut.

latschen = gehen	
kleine Krabbler = hier: kleine Kinder	
steif = ohne Bewegung	
um Beistand bitten = um Hilfe bitten	
umwerfend/berauschend = sehr schön, wunderbar	
dusslig = dumm	
keine Ähnlichkeit = ganz anders aussehen	

wie ein begossener Pudel

steif wie ein Spazierstock

Am Ausgang warte ich. So schnell können die Mädchen nicht gewesen sein. Oder doch? Sind sie schon weg?

Da kommen sie.

285 Die Schöne hält wieder das Händchen der Molligen. In der anderen Hand hat die Schöne einen weißen Stock.

Die Schöne stößt mich beinahe an, als sie an mir vorbeigeht. Ihr Gesicht mit der Sonnenbrille ist 290 aufmerksam nach oben gerichtet. Mich nimmt sie nicht wahr.

Die Mollige schaut nur auf die Schöne. Die Mollige führt die Schöne. Du willst doch wissen, wohin die Schöne geht, wo sie wohnt. Also, geh 295 los!

Aber ich kann meinem eigenen Befehl nicht gehorchen. Ich stehe neben der Kasse am Ausgang. Die klamme Wäsche klebt.

„Wollen Sie nun rein oder raus?", fragt die Kas- 300 siererin.

Ich sage nichts.

Ich stehe einfach da und sage nichts.

---

jmd. wahrnehmen = jmd. bemerken
jmd. führen = hier: jmd. beim Gehen/Laufen helfen

---

6 **Die Geschichte ist zu Ende – Was fühlt ihr? Seid ihr überrascht?**

7 **Welche Grafik zeigt am besten den Ablauf der Geschichte? Habt ihr andere Ideen?**

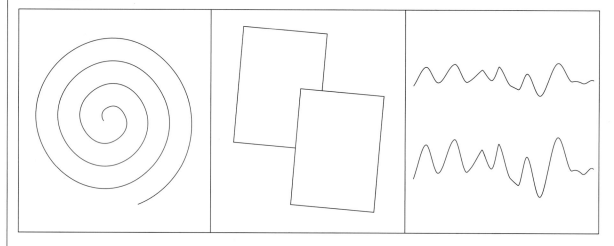

8 **„Bilder" und Ausdrücke im Text. Was bedeuten die Sätze 1–11? Ordnet a–k zu.**

1. Sie ist ins Wasser gehechtet.
2. Ich spiele ein paar Anfänge durch.
3. Bis zum Gehtnichtmehr.
4. Die muss mich für blöd halten.
5. Für nichts und wieder nichts.
6. Aber wie bringe ich das fertig?
7. Wollen beide nichts von mir wissen?
8. Wenn's drauf ankommt.
9. Ich kann nichts dafür.
10. Darauf wäre ich nicht gekommen.
11. Das hat ein paar Minuten gekostet.

a) Sie muss denken, dass ich blöd bin.
b) Wie schaffe ich es?
c) Ich habe keine Schuld.
d) Das hätte ich nicht gedacht.
e) Ohne eine positive Reaktion.
f) Das hat ein bisschen gedauert.
g) Wenn es wirklich wichtig ist.
h) Ich probiere/teste ein paar Anfänge.
i) Finden sie mich nicht interessant?
j) Bis zum Limit. Bis man nicht mehr kann.
k) Sie ist ins Wasser gesprungen.

9 Personen in einem literarischen Text

a Die Hauptfiguren werden genau beschrieben. Was wisst ihr über die Personen?

der Junge — achtet auf das Lachen

das Mädchen — schön

wasserscheu

lacht angenehm

b Vergleicht eure Ergebnisse. Welche Eigenschaften mögt ihr? Welche nicht?

10 Einen Text zusammenfassen – Wählt a (schwerer) oder b (leichter) und fasst wichtige Informationen aus der Geschichte zusammen.

a Schreibt eine Zusammenfassung mit Hilfe der Stichwörter. Was passiert am Anfang, danach … und zum Schluss?

Hallenbad: Junge – Mädchen – interessieren für – Wasser spritzen – „Hei!" rufen – tauchen – keine Reaktion – Junge irritiert – trotzdem unterhalten – Kiosk – Zeitung kaufen – Mädchen weg – schnell umziehen – am Ausgang warten – Wohin? – Mädchen kommt – blind – ratlos

b Was passiert wann? Lest die Sätze und bringt sie in die richtige Reihenfolge.

1. Aber sie reagiert nicht.
2. Er will wissen, wohin sie geht, zieht sich schnell an und wartet am Ausgang.
3. Erst am Ende versteht er, dass sie blind ist, und er weiß nicht, wie er reagieren soll.
4. Darum macht er alles Mögliche: Er ruft „Hei!", er spritzt mit Wasser, er taucht usw.
5. Nachdem der Junge kurz am Kiosk gewesen war, ist das Mädchen weg.
6. In der Geschichte geht es um einen Jungen, der im Hallenbad ein sehr nettes Mädchen sieht.
7. Als das Mädchen kommt, hat sie einen weißen Stock in der Hand.
8. Der Junge ist irritiert, geht aber trotzdem zu dem Mädchen und sie unterhalten sich.
9. Er möchte, dass sie ihn bemerkt.

11 Mit einem Text weiterarbeiten – Wählt eine der Aufgaben aus.

1. Schreibt die Geschichte weiter. Wählt zwei Personen aus (Schöne + Schwester oder Junge + Zepps), schreibt und spielt einen Dialog nach dem Besuch im Hallenbad.
2. Wie geht die Geschichte zu Ende? Schreibt eine Fortsetzung ab der Zeile 284 „Da kommen sie".
3. Viele Menschen mit einer Behinderung können manche Dinge besser als Menschen ohne Behinderung. Blinde können z.B. oft sehr gut hören. Kennt ihr weitere Beispiele?
4. Sucht einen Partner und führt euch abwechselnd mit verbundenen Augen durch die Schule. Beschreibt, was ihr fühlt, was interessant und neu für euch ist.
5. Ein Projekt: Spielt Szenen aus der Geschichte von Josef Reding. Lest die Texte, macht Fotos, Bilder oder ein Projekt wie in Einheit 10 „Die Handtasche".

Grammatik im Überblick

Sätze

Wörter

1 Zeitangaben: Fragen und Antworten

▶ 6

		Zeitpunkt (Dativ)
Wann hast du den Zahnarzttermin?	**Im** März.	Monat
	Am 19. März, **um** 13 Uhr.	Tag/Uhrzeit
Seit wann hast du Schulferien?	**Seit dem** 16 Juli.	Beginn
Von wann bis wann hast du frei?	**Vom** 16. Juli **bis (zum)** 18. August.	Anfang + Ende
Wie lange hast du Ferien?	Ich habe ein**en** Monat Ferien.	**Zeitdauer (Akkusativ)**

2 Sätze mit Zeitangaben (Übersicht)

▶ 6

Diese Wörter verbinden Hauptsätze, Haupt- und Nebensätze und Wortgruppen:

während, als, seit, nachdem, bevor

a *während*

Während Teresa ⬭telefonierte⬭, ⬭klingelte⬭ es an der Tür.   Konjunktion

Es klingelte an der Tür, **während** sie ⬭telefonierte⬭.

Während des Telefonats klingelte es an der Tür.   Präposition + Genitiv

G 15

b *als*

Als der Krieg vorbei war, wurde Deutschland geteilt.   Konjunktion: Zeitpunkt
Deutschland wurde geteilt, **als** der Krieg vorbei war.
● Wann wurde Deutschland geteilt?   ○ **Als** der Krieg vorbei war.

c *seit*

Seit dem 18. August habe ich Ferien.   Präposition *seit* + Dativ
Seit(dem) ich Ferien habe, schlafe ich jeden Tag bis 10 Uhr.   Konjunktion *seit(dem)*

d *nachdem*

Nach dem Essen gingen wir spazieren.   Präposition *nach* + Dativ
Nachdem wir gegessen hatten, gingen wir spazieren.   Konjunktion *nachdem*
Wir gingen spazieren, **nachdem** wir gegessen hatten.

e *bevor*

Vor dem Umzug mussten wir die Wohnung renovieren.   Präposition *vor* + Dativ
Bevor wir umziehen konnten, mussten wir die Wohnung renovieren.   Konjunktion *bevor*

▶ 2

3 **Sätze mit Gründen und Konsequenzen (Übersicht)**

Diese Wörter verbinden Hauptsätze, Haupt- und Nebensätze oder Wortgruppen:

weil, wegen, deshalb, daher, deswegen, darum, um … zu, trotzdem, obwohl

▶ 2

a weil

Ich (gehe) in ein Café, **weil** ich ein Eis essen (möchte).

Weil ich ein Eis essen (möchte), gehe ich in ein Café.

Ich (gehe) heute nicht in die Schule, **weil** ich krank (bin).

Weil ich krank (bin), (gehe) ich heute nicht in die Schule.

Nebensätze mit *weil* nennen Gründe.

Konjunktion

▶ 6

b wegen

Ladenburg, 18. Mai

Sehr geehrte Frau Winter,

wegen einer Erkältung konnte meine Tochter Luise gestern nicht am Unterricht teilnehmen.

Mit freundlichen Grüßen
Eva Klawuttke

Wegen mein**er** Erkältung gehe ich heute nicht in die Schule.
Wegen des schlech**ten** Wetters bleiben wir zu Hause.

Präposition + Genitiv

Nach *wegen* folgt ein Grund.

⚠ Mündlich ist auch Dativ möglich: Wegen **dem** schlechten Wetter bleiben wir zu Hause.

▶ 6, 8

c deshalb, daher, deswegen, darum – Konsequenz

Er hat sich immer für Politik interessiert. Er ist heute Journalist.
Er hat sich immer für Politik interessiert. **Deshalb** ist er heute Journalist.
Er hat sich immer für Politik interessiert, **deshalb/daher/deswegen/darum** ist er heute Journalist.

Deshalb, daher, deswegen und *darum* haben die gleiche Bedeutung. Danach folgt eine Konsequenz.

▶ 2

d um … zu – Zweck

Ich gehe in eine Eisdiele, **um** ein Eis **zu** essen.
Um ein Eis **zu** essen, gehe ich in eine Eisdiele.
Ich bleibe zu Hause, **um** mich **auszuruhen**.

e *trotzdem, obwohl* – Gegensätze

Ich hatte keine Reservierung. Trotzdem bekam ich einen Platz im Zug. Adverb

Ich habe keine Lust dazu. **Trotzdem** machen wir heute eine Radtour.

Ich bekam einen Platz im Zug, obwohl ich keine Reservierung hatte. Konjunktion

Obwohl ich keine Reservierung hatte, bekam ich einen Platz im Zug.

Wir machen heute eine Radtour, obwohl ich keine Lust dazu habe.

Obwohl ich keine Lust dazu habe, machen wir heute eine Radtour.

Nach *obwohl* folgt ein Gegensatz.

4 Sätze mit *wenn* ... (*dann*) – Bedingungen

Wir fahren morgen Rad, **wenn** es nicht regnet. Konjunktion

Wenn es regnet, (dann) bleiben wir zu Hause.

Wenn die Zahl der Menschen weiter ansteigt,

(dann) wird es ein Ernährungsproblem geben.

5 Komparation mit *je ... desto*

Je **mehr** ich arbeite, desto **mehr** Taschengeld habe ich.
Je höher mein Taschengeld ist, desto **mehr** gebe ich aus.
Je **mehr** Autos es gibt, desto länger werden die Staus.
Je weniger Müll wir produzieren, desto **besser** ist das für die Umwelt.

Bei *je ... desto* stehen die Adjektive im Komparativ.

6 Sätze mit *nicht nur ... sondern auch*

Am Flughafen können Studenten und Schüler ein Praktikum machen.

Am Flughafen können nicht nur Studenten, sondern auch Schüler ein Praktikum machen.

Nicht nur Studenten können am Flughafen ein Praktikum machen, sondern auch Schüler.

Konjunktionen (Zusammenfassung)

Nach diesen Konjunktionen ändert sich die Wortstellung im Satz:
als, bevor, dass, weil, seit, obwohl, während, damit, nachdem, wenn

Ich habe zehn Bewerbungen geschrieben, **bevor** ich einen Praktikumsplatz bekommen habe.

Nach diesen Konjunktionen ändert sich die Wortstellung nicht:
und, oder, aber, nicht nur ... sondern auch, entweder ... oder

Ich habe zehn Bewerbungen geschrieben, **aber** ich habe keinen Praktikumsplatz bekommen.

7 Relativsätze

a mit Relativpronomen

Das ist <u>der Mann</u>, der in der Wohnung neben uns wohnt.

Der Relativsatz erklärt ein Nomen im Hauptsatz. Er steht meistens direkt rechts neben dem Nomen.

Nominativ	Der Mann, der in der Wohnung neben uns wohnt, hört nicht gut.	
	Die Frau, die in der Wohnung neben uns wohnt, hört nicht gut.	
Akkusativ	Der Mann, den ich gestern getroffen habe, spielt gern Klavier.	*treffen* + Akkusativ
	Die Frau, die ich gestern getroffen habe, spielt gern Klavier.	
Dativ	Der Mann, dem du die Tür geöffnet hast, wohnt hier im Haus.	*öffnen* + Dativ
	Die Frau, der du die Tür geöffnet hast, wohnt hier im Haus.	

Der Kasus des Relativpronomens (Akkusativ/Dativ) wird vom Verb im Relativsatz bestimmt.

b mit Präposition und Relativpronomen

das Haus	Hier steht das Haus, in dem (D●) ich 15 Jahre gewohnt habe.
	Hier steht das Haus, in das (A→) wir nächsten Monat einziehen.
die Frau (Britta)	Das ist Britta, mit der (D) ich schon seit der 10. Klasse zusammen bin.
die Ferien	Die Ferien, auf die (A→) wir uns gefreut hatten, waren viel zu schnell vorbei.
die Insel	Die Insel, auf der (D●) wir waren, war sehr klein.

Der Kasus des Relativpronomens (Akkusativ/Dativ) wird von der Präposition im Relativsatz bestimmt.

c mit *wo*

Das ist das Haus, wo ich 10 Jahre gewohnt habe.
Ich möchte in ein Land, wo es nicht so kalt ist.

8 Fragewörter mit Präposition und Reaktionen: *woran – daran*

● Worüber ärgerst du dich denn so?
○ Ich muss die Deutschhausaufgaben noch mal schreiben.
● Darüber würde ich mich auch ärgern.

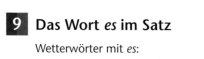

worüber?	darüber	woran?	daran
worauf?	darauf	womit?	damit

9 Das Wort *es* im Satz

Wetterwörter mit *es*:

Es regnet. Es schneit.
Es ist kalt/warm/heiß/regnerisch/neblig/sonnig …

Ausdrücke mit es:

Verben	Es **freut** mich,	dass du morgen kommst.
	Es **stimmt** nicht,	dass ich keine Zeit habe.
	Es **ärgert** mich,	dass du mich nicht angerufen hast.
	Es **interessiert** mich,	ob es dir gut geht oder nicht.
	Es **gibt**	heute Spaghetti zum Mittagessen.
Adjektive	Es ist mir **klar**,	dass du wenig Zeit hast.
	Es macht mich **wütend**,	wenn Peter tagelang nicht anruft.
	Es ist **schön**,	dass wir uns mal wieder getroffen haben.

10 Nebensätze mit *ob*

▶ 4

Er hat gesagt, **dass** er morgen Zeit hat.
Er hat gesagt, **dass** er morgen keine Zeit hat.

Er weiß noch **nicht**, **ob** er morgen Zeit hat.
Ob er morgen Zeit hat, weiß er noch nicht.
Weißt du, **ob** er nächste Woche Zeit hat?

11 Sätze mit Akkusativ- und Dativergänzungen

▶ 5
G 20

	Dativergänzung	Akkusativergänzung	
	Nomen	Nomen	
Ich schenke	meiner Mutter	eine CD	zum Geburtstag.

	Pronomen	Nomen	
Ich schenke	**ihr**	eine CD	zum Geburtstag.

	Akkusativergänzung	Dativergänzung	
	Pronomen	Pronomen	
Ich schenke	sie	**ihr**	zum Geburtstag.

Wenn die Akkusativergänzung ein Pronomen ist, dann steht sie vor der Dativergänzung.

12 Sätze mit *zu* und Infinitiv

▶ 7

Ich wünsche mir,   allein **zu** verreisen.
Es ist schön,   gute Freunde **zu** haben.
Wann hörst du endlich auf   **zu** rauchen?

Häufige Ausdrücke mit zu:

Es macht mir (keinen) Spaß,   allein zu Hause **zu** sein.
Ich habe keine Lust   **zu** joggen.
Wir haben keine Zeit,   euch **zu** besuchen.
Ich hab angefangen   **zu** joggen.
Fang an,   regelmäßig Sport **zu** machen!
Hör auf   **zu** rauchen!
Vergiss bitte nicht,   meine Blumen **zu** gießen!

Infinitiv mit *zu* bei trennbaren Verben

Ich habe vergessen, die Wohnung auf**zu**räumen.
Ich habe nicht daran gedacht, dich an**zu**rufen.
Ich habe heute keine Lust aus**zu**gehen.

► 3

13 Indefinita

a *etwas, nichts*

Hast du etwas Kleingeld für mich?
Hast du heute schon etwas gegessen?

● Hast du den Unfall gesehen?
○ Nein, ich habe nichts gesehen.
Nach 1945 hatten viele Menschen nichts zu essen.

Nichts und *etwas* gebraucht man für Sachen. Sie ändern ihre Form nicht.

b *jemand, niemand, man*

Weiß jemand, wo meine Turnschuhe sind?
Hast du jemand gesehen?
Gestern war ich im Jugendclub, aber es war niemand da.
Man darf hier nicht rauchen.
Das tut man nicht.

Jemand und *niemand* gebraucht man für Personen.
Mit *man* macht man unpersönliche und generelle Aussagen.

c *alle, viele, einige, manche, wenige*

Nach 1945 mussten viele Menschen ihre Heimat verlassen.
Wenige Menschen konnten in ihre Heimat zurückkommen.
Fast alle Menschen mögen Musik.
Manche Schüler können keinen Praktikumsplatz finden.
Im April gab es nur wenige warme Tage.

Jemand/niemand (Singular) und *viele/wenige/alle/manche* (Plural) haben auch deklinierte Formen:

Hast du jemanden gesehen? Ich habe seit drei Tagen mit niemandem gesprochen.
Ich kann nur mit wenigen Menschen so gut sprechen wie mit meiner Freundin Barbara.

d *irgend-*

irgend + Artikel	Hast du irgendein Buch, irgendeinen Roman oder irgendeine Zeitung für mich?
irgend + Indefinita	Hat irgendjemand meine Jacke gesehen?
	Hast du irgendetwas gegen Kopfschmerzen?
irgend + Fragewort	Weiß irgendwer, wie viel Uhr es ist?
	Irgendwas stimmt hier nicht, aber ich weiß nicht, was.

Man weiß nicht genau oder man will nicht genau sagen, wer eine Person oder was eine Sache ist.

Komisch, hast du etwas gehört? Ist da irgendwer?

Du träumst. Ich höre nichts, da ist niemand!

14 Demonstrativpronomen *dies-*

Nominativ	Dieser Trainer ist unmöglich!	
Akkusativ	Diesen Trainer finde ich nicht gut!	
Dativ	Mit diesem Trainer werden wir nie Meister.	
Genitiv	Wegen dieses Trainers verlieren wir jedes Spiel.	

▶ 3

	der	das	die
Nominativ	dieser Lehrer	dieses Haus	diese Lehrerin
Akkusativ	diesen Lehrer	dieses Haus	diese Lehrerin
Dativ	diesem Lehrer	diesem Haus	dieser Lehrerin
Genitiv	dieses Lehrers	dieses Hauses	dieser Lehrerin

15 Genitiv

▶ 2

a Der Genitiv verbindet Nomen

Weniger als 50 <u>Prozent</u> der <u>Deutschen</u> sind politisch interessiert.
Ein <u>Bild</u> des <u>genialen Malers</u> Theo Scherling wurde gestern für 111.000 Euro verkauft.
Anne hat einen Preis für die <u>Präsentation</u> ihres <u>Projekts</u> bekommen.

Nomen	Artikel	Nomen (+s)		Namen + s	Nomen	
das Bild	des	Malers		Annes	Arbeit	war sehr gut.
das Haus	unserer	Eltern		Hermanns	Hund	lernt bellen.

b Der Genitiv nach *wegen, trotz, während*

▶ 6

Wegen des Arzttermins	kam er zu spät zum Kurs.
Trotz seines Arzttermins	kam er pünktlich zum Kurs.
Wegen meines Praktikums	kann ich heute nicht zum Kurs kommen.
Während der Fahrt zur Arbeit	schlief er ein.
Während ihrer Schulzeit	war Silke in der Fußball-AG.

c Bestimmter/unbestimmter Artikel und Nomen im Genitiv

der Ausflug	während des Ausflugs	während eines Ausflugs
das Schuljahr	während des Schuljahr(e)s	während eines Schuljahr(e)s
die Reise	während der Reise	während einer Reise

d Possessivartikel im Genitiv (Übersicht)

	der/das	die
ich	meines	meiner
du	deines	deiner
er	seines	seiner
es	seines	seiner
sie	ihres	ihrer
wir	unseres	unserer
ihr	eures	eurer
sie/Sie	ihres/Ihres	ihrer/Ihrer

Gentivendungen der Artikel	
der/das	-es
die	-er

16 Adjektive vor dem Nomen: Artikel + Dativ

der Hund	Ich gehe am liebsten mit **meinem** großen Hund spazieren.
das Auto	Mit **dem** alten Auto fährst du nicht bis Italien.
die Freundin	**Einer** guten Freundin kann ich vertrauen.
die Freunde (Pl.)	**Seinen** besten Freunden hat Erich immer vertraut.

Im Dativ ist die Adjektivendung immer *-en*.

17 Adjektive vor dem Nomen (Übersicht)

a nach bestimmten Artikeln: *der/das/die*

		Nominativ	Akkusativ	Dativ
Singular	der	der neue Text	den neuen Text	dem neuen Text
	das	das neue Auto	das neue Auto	dem neuen Auto
	die	die neue Jacke	die neue Jacke	der neuen Jacke
Plural	die	die neuen Texte/Autos/ Jacken	die neuen Texte/Autos/ Jacken	den neuen Texten/Autos/ Jacken

b nach unbestimmten Artikeln: *ein/eine*

		Nominativ	Akkusativ	Dativ
Singular	der	(k)ein neuer Text	(k)einen neuen Text	(k)einem neuen Text
	das	(k)ein neues Auto	(k)ein neues Auto	(k)einem neuen Auto
	die	(k)eine neue Jacke	(k)eine neue Jacke	(k)einer neuen Jacke
Plural	die	keine* neuen Texte/ Autos/Jacken	keine neuen Texte/ Autos/Jacken	keinen neuen Texten/ Autos/Jacken

* Im Plural gibt es keinen unbestimmten Artikel.

Ebenso Adjektive nach Possessivartikel: *Mein/Dein/Sein/Ihr/Unser/Euer* neues Fahrrad ist super.

c ohne Artikel

Nominativ	der Rat	Guter Rat ist teuer.
Akkusativ	den Spargel	Deutschen Spargel gibt es von April bis Juni.
Nominativ	das Gemüse	Wir kaufen frisches Gemüse …
Dativ	dem Anbau	aus biologischem Anbau.

Der letzte Buchstabe des Adjektivs ist identisch mit dem letzten Buchstaben des Artikels

		Nominativ *der/das/die*	Akkusativ de*n*/das/die	Dativ de*m*/de*m*/der
Singular		neue*r* Text	neue*n* Text	neue*m* Text
		neue*s* Auto	neue*s* Auto	neue*m* Auto
		neue Jacke	neue Jacke	neue*r* Jacke
Plural	die	neue Texte/Autos/ Jacken	neue Texte/Autos/ Jacken	neue*n* Texten/Autos/ Jacken

18 Partizip I vor dem Nomen

Das neue Mail-Programm ist ganz einfach.
Das lernst du spiele**n**d. Das ist spiele**n**d leicht!
Das Programm wird laufe**n**d aktualisiert.
Jedes Jahr gibt es eine neue Version.
Das Programm wird von einer wachsen**den**
Zahl von Menschen benutzt.

▶ 10
G 17

                    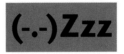

lachen**des** Emoticon   weinen**des** Emoticon   schlafen**des** Emoticon   rauchen**des** Emoticon

Das Partizip I bildet man mit dem Infinitiv des Verbs + *d*: *spielen → spielend.*

Das Partizip I verwendet man wie ein Adjektiv und es hat die gleichen Endungen wie das Adjektiv.

Eine steigen**de** Zahl von älteren Menschen interessiert sich für Computer. Viele Jugendliche sitzen nächtelang mit brennen**den** Augen vor ihren Computern.

19 Partizip II vor dem Nomen

Das Moped ist gebraucht.   Ich habe mir ein gebrauch**tes** Moped gekauft.
Die Luft ist verschmutzt.   Verschmutz**te** Luft ist fast überall ein großes Problem.

G 17

Das Partizip II kann auch wie ein Adjektiv verwendet werden.
Vor dem Nomen hat es die gleichen Endungen wie das Adjektiv.

20 Personalpronomen: Nominativ, Akkusativ, Dativ

Nominativ	ich	du	er	es	sie	wir	ihr	sie/Sie
Akkusativ	mich	dich	ihn	es	sie	uns	euch	sie/Sie
Dativ	mir	dir	ihm	ihm	ihr	uns	euch	ihnen/Ihnen

▶ 2
G 11

21 Relativpronomen

G 7

Nominativ

Singular	Der Mann, **der** neben uns wohnt, hört nicht gut.
	Das Haus, **das** du dort siehst, haben meine Eltern gekauft.
	Die Familie, **die** drei kleine Kinder hat, ist ausgezogen.
Plural	Die Männer/Häuser/Familien, **die** …

Akkusativ

Singular	Der Ferienjob, auf **den** ich mich gefreut habe, war schlecht bezahlt.
	Das Mädchen, in **das** ich mich verliebt habe, geht in meine Klasse.
	Die Schule, in **die** ich seit April gehe, ist ziemlich weit von hier.
Plural	Die Ferienjobs, auf **die** … / Die Mädchen, in **die** …/ Die Schulen, in **die** …

Dativ

Singular	Der Mann, mit **dem** ich eben gesprochen habe, hört nicht gut.
	Das Mädchen, von **dem** ich dir erzählt habe, hat einen Freund.
	Die Wohnung, aus **der** wir ausgezogen sind, war sehr klein.
Plural	Die Männer, mit **denen** … / Die Mädchen, von **denen** … / Die Wohnungen, aus **denen** …

► 4

22 **Über die Zukunft sprechen – Präsens oder Futur mit *werden***

So spricht man über die Zukunft:

a   Zeitangabe + Verb (Präsens)

In zwei Wochen haben wir Ferien.   Morgen fängt mein Tenniskurs an.

b   *werden* + Verb im Infinitiv

Wir werden das Spiel am Samstag gewinnen.
Mein Vater wird bald wieder Arbeit haben.
Nächsten Sommer werden wir vielleicht meine Großmutter besuchen.

Diese Form benutzt man, wenn man sich nicht ganz sicher ist oder wenn man etwas besonders betonen will.

► 6

23 **Plusquamperfekt**

Die Handlung im Plusquamperfekt war vor der Handlung im Präteritum/Perfekt:

zuerst: Film   danach: Pizza

Samstag
18.00 Kino „In America"
20.30 Essen „Da Gianni"

Nachdem wir einen Film gesehen hatten, sind wir noch eine Pizza essen gegangen.

Nachdem wir gegessen hatten, haben wir einen langen Spaziergang gemacht.
Als wir um 1 Uhr wieder zu Hause angekommen waren, gingen wir gleich ins Bett.

Nachdem man den Reichstag renoviert hatte, zog das Parlament von Bonn nach Berlin.
Vor dem Mauerbau waren viele Menschen nach Westen geflohen, danach war die Flucht gefährlich.

Das Plusquamperfekt bildet man mit dem Präteritum von *haben* oder *sein* und dem Partizip II des Verbs.
Das Plusquamperfekt steht oft in einem Satz zusammen mit dem Präteritum oder Perfekt.

Tipp | **Lerne die Verben mit *sein* extra.**

24 Konjugationen

a *werden, wissen*: Präsens, Präteritum und Konjunktiv II

▶ 4, 5
G 25

	Präsens	Präteritum	Konjunktiv II	Präsens	Präteritum	Konjunktiv II
ich	werde	wurde	würde	weiß	wusste	wüsste
du	wirst	wurdest	würdest	weißt	wusstest	wüsstest
er	wird	wurde	würde	weiß	wusste	wüsste
es	wird	wurde	würde	weiß	wusste	wüsste
sie	wird	wurde	würde	weiß	wusste	wüsste
wir	werden	wurden	würden	wissen	wussten	wüssten
ihr	werdet	wurdet	würdet	wisst	wusstet	wüsstet
sie/Sie	werden	wurden	würden	wissen	wussten	wüssten

Würdest du mir bei den Hausaufgaben helfen?

Ich würde schon, wenn ich könnte, aber ich hab keine Zeit.

b *haben* und *sein*: Präsens, Präteritum und Konjunktiv II

▶ 5, 6
G 25

	Präsens	Präteritum	Konjunktiv II	Präsens	Präteritum	Konjunktiv II
ich	habe	hatte	hätte	bin	war	wäre
du	hast	hattest	hättest	bist	warst	wärst
er	hat	hatte	hätte	ist	war	wäre
es	hat	hatte	hätte	ist	war	wäre
sie	hat	hatte	hätte	ist	war	wäre
wir	haben	hatten	hätten	sind	waren	wären
ihr	habt	hattet	hättet	seid	wart	wärt
sie/Sie	haben	hatten	hätten	sind	waren	wären

c Modalverben: Präteritum und Konjunktiv II

▶ 5
G 25

| | können | | dürfen | | müssen | | sollen | wollen |
	Präteritum	Konjunktiv II	Präteritum	Konjunktiv II	Präteritum	Konjunktiv II	Präteritum/ Konjunktiv II	Präteritum/ Konjunktiv II
ich	konnte	könnte	durfte	dürfte	musste	müsste	sollte	wollte
du	konntest	könntest	durftest	dürftest	musstest	müsstest	solltest	wolltest
er	konnte	könnte	durfte	dürfte	musste	müsste	sollte	wollte
es	konnte	könnte	durfte	dürfte	musste	müsste	sollte	wollte
sie	konnte	könnte	durfte	dürfte	musste	müsste	sollte	wollte
wir	konnten	könnten	durften	dürften	mussten	müssten	sollten	wollten
ihr	konntet	könntet	durftet	dürftet	musstet	müsstet	solltet	wolltet
sie/Sie	konnten	könnten	durften	dürften	mussten	müssten	sollten	wollten

25 Konjunktiv II – Höfliche Bitten, Vorschläge und irreale Wünsche

Mit dem Konjunktiv kann man

– eine höfliche Bitte formulieren:

Könnten Sie mal meinen Hund halten?

– einen höflichen Wunsch äußern und nach Wünschen fragen:

● Was **hätten** Sie gern?
○ Ich **hätte** gern eine Cola.

Könnten wir nicht mal wieder am Wochenende verreisen?

– beschreiben, was nicht Realität ist (Träume und Visionen):

Ich **wäre** gern Millionär. Es **wäre** schön, wenn ich mehr Zeit **hätte**.
Würdest du gern fliegen können? Wenn ich mehr Zeit **hätte**, **würde** ich Tennis spielen.
Man **müsste** die Hausaufgaben abschaffen. Ich **wüsste** gern, wie die Menschen in 100 Jahren
Ich **könnte** meinen Roman weiterlesen, leben.
wenn ich nicht arbeiten **müsste**.

– höfliche Ratschläge geben:

Du **solltest** mehr Sport treiben und weniger Süßigkeiten essen.
Du **könntest** mich mal wieder besuchen.

Alle Verben haben Konjunktivformen.
Die Formen der Modalverben und von *haben*, *sein*, *werden* und *wissen* benutzt man oft.

Die anderen Formen kommen fast nur noch in literarischen Texten vor. Man benutzt meistens
die *würde*-Form:

Ich **käme** gern, aber ich habe keine Zeit. = Ich **würde** gern **kommen**, aber ich habe keine Zeit.

26 Passiv mit *werden* und Sätze mit *man*

Die meisten Briefe **werden** heute mit dem Computer **geschrieben**.
Man schreibt nur noch selten mit der Hand, z.B. Postkarten.
Früher **wurde** alles mit der Hand **geschrieben**.
Wenn heute Post **verschickt wird**, dann häufig per E-Mail.

Aktiv persönlich	**Ich** schreibe Briefe immer mit der Hand.
Aktiv unpersönlich	**Man** schreibt Briefe heute oft mit dem Computer.
Passiv (Präsens)	Briefe ⟨ werden ⟩ mit der Hand ⟨ geschrieben ⟩.
Passiv (Präteritum)	Bei dem Bankraub ⟨ wurden ⟩ 100.000 Euro ⟨ gestohlen ⟩.
Passiv mit „Täter": *von*	Briefe ⟨ werden ⟩ nur noch **von wenigen Menschen** mit der Hand ⟨ geschrieben ⟩.

27 Das Verb *lassen*

Das Moped ist kaputt. Ich **lasse** es von meinem Onkel reparieren.
Ich gehe zum Friseur. Ich muss mir die Haare schneiden **lassen**.

Etwas machen *lassen* heißt: Ich tue es **nicht** selbst.

28 Liste der unregelmäßigen Verben

Die Liste enthält die unregelmäßigen Verben aus geni@l B1. Bei Verben mit trennbaren Vorsilben ist nur die Grundform aufgeführt: *aufschreiben* siehe *schreiben*, an*rufen* siehe *rufen* usw. Verben, die das Perfekt mit *sein* bilden, sind grün markiert.

benehmen (sich), er benimmt sich, benahm sich, hat sich benommen
beraten, er berät, beriet, hat beraten
beschließen, er beschließt, beschloss, hat beschlossen
besprechen, er bespricht, besprach, hat besprochen
bestehen, er besteht, bestand, hat bestanden
betrügen, er betrügt, betrog, hat betrogen
bewerben (sich), er bewirbt sich, bewarb sich, hat sich beworben
biegen, er biegt, bog, hat gebogen
bieten, er bietet, bot, hat geboten
bleiben, er bleibt, blieb, ist geblieben
brechen, er bricht, brach, hat gebrochen
brennen, er brennt, brannte, hat gebrannt
bringen, er bringt, brachte, hat gebracht
empfehlen, er empfiehlt, empfahl, hat empfohlen
entscheiden, er entscheidet, entschied, hat entschieden
entstehen, er entsteht, entstand, ist entstanden
erfahren, er erfährt, erfuhr, hat erfahren
erfinden, er erfindet, erfand, hat erfunden
erhalten, er erhält, erhielt, hat erhalten
essen, er isst, aß, hat gegessen
fahren, er fährt, fuhr, ist gefahren
fallen, er fällt, fiel, ist gefallen
gebären, sie gebärt, gebar, hat geboren
geben, er gibt, gab, hat gegeben
gehen, er geht, ging, ist gegangen
gelten, er gilt, galt, hat gegolten
gießen, er gießt, goss, hat gegossen
halten, er hält, hielt, hat gehalten
heben, er hebt, hob, hat gehoben
klingen, er klingt, klang, hat geklungen
kommen, er kommt, kam, ist gekommen
lassen, er lässt, ließ, hat lassen/gelassen

leiden, er leidet, litt, hat gelitten
lügen, er lügt, log, hat gelogen
nehmen, er nimmt, nahm, hat genommen
riechen, er riecht, roch, hat gerochen
saugen, er saugt, sog/saugte, hat gesogen/gesaugt
schieben, er schiebt, schob, hat geschoben
schlagen, er schlägt, schlug, hat geschlagen
schließen, er schließt, schloss, hat geschlossen
schneiden, er schneidet, schnitt, hat geschnitten
schreiben, er schreibt, schrieb, hat geschrieben
schweigen, er schweigt, schwieg, hat geschwiegen
sinken, er sinkt, sank, ist gesunken
sprechen, er spricht, sprach, hat gesprochen
springen, er springt, sprang, ist gesprungen
stehen, er steht, stand, hat gestanden
steigen, er steigt, stieg, ist gestiegen
sterben, er stirbt, starb, ist gestorben
stinken, er stinkt, stank, hat gestunken
tragen, er trägt, trug, hat getragen
treten, er tritt, trat, hat getreten
übernehmen, er übernimmt, übernahm, hat übernommen
unterstreichen, er unterstreicht, unterstrich, hat unterstrichen
verbieten, er verbietet, verbot, hat verboten
verbinden, er verbindet, verband, hat verbunden
verbringen, er verbringt, verbrachte, hat verbracht
verlassen, er verlässt, verließ, hat verlassen
verlaufen, er verläuft, verlief, ist verlaufen
vermeiden, er vermeidet, vermied, hat vermieden
wachsen, er wächst, wuchs, ist gewachsen
werfen, er wirft, warf, hat geworfen
wissen, er weiß, wusste, hat gewusst
ziehen, er zieht, zog, hat/ist gezogen
zwingen, er zwingt, zwang, hat gezwungen

29 Liste der Verben mit Präpositionen
Mit Akkusativ

antworten	auf	Antworte bitte auf meine Frage!
sich ärgern	über	Ich habe mich am Freitag so über Herbert geärgert.
sich bedanken	für	Wir möchten uns für Ihr Geschenk herzlich bedanken.
sich beschweren	über	Ich möchte mich über den Service beschweren.
danken	für	Ich danke dir für deine Hilfe.
diskutieren	über	Morgen diskutiert der Bundestag über die Umweltpolitik.
eingehen	auf	Du musst schon auf meine Argumente eingehen.
sich engagieren	für	Ich möchte mich für Tiere engagieren.
sich freuen	auf	Freust du dich schon auf die Sommerferien?
sich freuen	über	Ich habe mich über das Geschenk sehr gefreut.
gehen	um	Es geht um viel Geld.
glauben	an	Du musst an dich glauben, dann schaffst du die Prüfung!
halten	für	Sie hält ihn für humorvoll.
informieren	über	Frau Winter hat uns über die Prüfung informiert.
sich interessieren	für	Meine Frau interessiert sich für Politik, aber ich nicht.
sich konzentrieren	auf	Ich kann mich heute nicht auf den Unterricht konzentrieren.
sich kümmern	um	Nachmittags muss ich mich um die Kinder kümmern.
lachen	über	Über diesen Witz muss ich jedes Mal wieder lachen!
reden	über	Können wir über das Problem reden?
sein	für/gegen	Ich bin für das Schulfest im Juni, aber gegen den Ausflug im Juli.
warten	auf	Ich habe eine halbe Stunde auf dich gewartet!

Mit Dativ

abhängen	von	Das hängt vom Wetter ab.
auskommen	mit	Ich komme mit 20 Euro Taschengeld aus.
sich beschäftigen	mit	Lisa beschäftigt sich am liebsten mit ihrem Moped.
sich beschweren	bei	Beschweren Sie sich doch bei meinem Chef!
besprechen	mit	Morgen will Frau Winter mit uns die Deutschprüfung besprechen.
bestehen	aus	Wasser besteht aus Wasserstoff und Sauerstoff.
sich bewerben	bei	Ich will mich bei BMW bewerben.
einverstanden sein	mit	Bist du mit deiner Note einverstanden?
erzählen	von	Hab ich dir schon von meinem neuen Freund erzählt?
gehören	zu	Mallorca gehört zu Spanien.
gratulieren	zu	Wir möchten euch herzlich zu eurer Hochzeit gratulieren.
herunterladen	aus	Du kannst dir die Informationen aus dem Internet herunterladen.
leiden	an	Mein Onkel leidet an einer schweren Krankheit.
schmecken	nach	Der Wein schmeckt nach Seife, den kann ich nicht trinken.
schuld sein	an	Mein Freund ist schuld daran, dass ich nicht schlafen kann.
sprechen	von	Kannst du mal von was anderem sprechen als von Fußball?
stammen	aus	Mario stammt aus Brasilien.
teilnehmen	an	Am Praktikum müssen alle Schüler teilnehmen.
telefonieren	mit	Ich muss morgen mit meinen Eltern im Iran telefonieren.
sich treffen	mit	Ich treffe mich morgen mit meinen Eltern.
sich verstehen	mit	Heute verstehe ich mich gut mit meinen Eltern, früher nicht so.
umziehen	nach	Nächstes Jahr werde ich nach Frankfurt umziehen.
sich zufrieden geben	mit	Ich werde mich mit deiner Antwort nicht zufrieden geben.
zweifeln	an	Tina zweifelt immer an sich selbst.

Alphabetische Wortliste

In dieser Wortliste findest du die neuen Wörter aus geni@l B1. Namen von Personen, Städten, Ländern usw. sind nicht in der Liste. Aus Lesetexten sind nur Wörter aufgenommen, die zum Lernwortschatz gehören.

Diese Informationen findest du in der Wortliste:

Bei Verben: den Infinitiv, von den unregelmäßigen Verben die 3. Person Singular im Präsens, Präteritum und Perfekt. Beim Perfekt wird außerdem angegeben, wenn es mit *sein* gebildet wird.
da sein, er ist da, war da, *ist* da gewesen 76/5

Bei Nomen: das Wort, den Artikel, die Pluralform.
Erfahrung, die , -en 20/11

Bei verschiedenen Bedeutungen eines Wortes: das Wort, die Nummer, ein Beispiel.
führen, (3) *(ein ganz normales Leben führen)* 51/5
führen, (4) *(jemanden an der Hand führen)* 118/5

Den Wortakzent: kurzer Vokal • oder langer Vokal –.
satt 87/5
atmen 39/20

Wo du das Wort findest: Seite/Aufgabennummer.
begrüßen 46/4

Fett gedruckte Wörter gehören zum Lernwortschatz des „Zertifikat Deutsch". Diese Wörter musst du auf jeden Fall lernen.
Bewerbung, die, -en 76/6

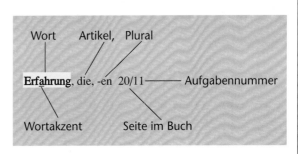

Abkürzungen und Symbole

¨	Umlaut im Plural (bei Nomen)
*, *	keine Steigerung (bei Adjektiven)
Sg.	Singular (bei Nomen)
Pl.	Plural (bei Nomen)
(+ *A.*)	Präposition mit Akkusativ
(+ *D.*)	Präposition mit Dativ
(+ *A./D.*)	Präposition mit Akkusativ oder Dativ
(+ *G.*)	Präposition mit Genitiv
Abk.	Abkürzung

Listen mit unregelmäßigen Verben und Verben mit Präpositionen aus geni@l B1 findest du auf Seite 133–134.

Abbildung, die, -en 64/19
Abgas, das, -e 38/19
abgeben, er gibt ab, gab ab, hat abgegeben 70/13
abhandeln 110/1
abhängen, er hängt ab, hing ab, hat abgehangen 6/2
Abitur, das, -e 78/11
Ablauf, der, "-e 110/1
ablehnen 84/1
Ablehnung, die, -en 36/15
abnehmen, er nimmt ab, nahm ab, hat abgenommen (1) *(Die Niederschläge nehmen ab.)* 38/19
abnehmen (2) *(Gewicht reduzieren)* 52/10
abschaffen 52/13
abschließen, er schließt ab, schloss ab, hat abgeschlossen 91/3

Absender/Absenderin, der/die, –/-nen 79/12
abstürzen 100
Abtrocknen, das *Sg.* 117/5
abwechselnd 119/11
abwechslungsreich 110/1
Adresse, die, -n 82/17
Aha! 43/2
Aktion, die, -en 40/23
Aktivität, die, -en 40/25
akzeptieren 84/1
allmählich 51/5
Alltag, der, -e 59/8
alternativ, *, * 39/20
an sein, er ist an, war an, *ist* an gewesen 101/2
anbieten, er bietet an, bot an, hat angeboten 18/9
Angabe, die, -n 53/15

angeben, er gibt an, gab an, hat angegeben 82/17
Angebot, das, -e 54/19
angehen, er geht an, ging an, ist angegangen 114/5
Anhang, der, "-e 82/17
animieren 106/16
Anlage, die, -n 76/6
Anleitung, die, -en 39/21
annehmen, er nimmt an, nahm an, hat angenommen 50/5
Anrede, die, -n *meist Sg.* 79/12
anrollen 90/1
anscheinend 88/5
Anschrift, die, -en 79/12
Ansicht, die, -en 14/1
ansprechen, er spricht an, sprach an, hat angesprochen 76/6
anspruchsvoll 27/8

Bund, der, "-e 59/8

Bundesamt, das, "-er 75/2

Burg, die, -en 68/7

Bürokaufmann/-kauffrau, der/die, -leute 75/2

bzw. *(Abk. für: beziehungsweise)* 111/2

CD-Player, der, – 35/12

CD-ROM, die, -s 100

Charakter, der, Charaktere 89/6

charakterisieren 29/14

Chat, der, -s 27/7

chatten 100

Chatter/Chatterin, der/die, –/-nen 27/7

Checkliste, die, -n 40/25

Club, der, -s 29/14

CO₂, das *Sg. (Zeichen für: das Kohlendioxid, Sg.)* 38/19

Cockpit, das, -s 91/2

Computerbranche, die, -n 77/10

Computerkenntnis, die, -se *meist Pl.* 82/18

cool 25/3

Cursor, der, -s 100

da sein, er ist da, war da, *ist* da gewesen 76/6

dabei 6/2

dabei sein, er ist dabei, war dabei, *ist* dabei gewesen 15/2

dabeihaben, er hat dabei, hatte dabei, hat dabeigehabt 51/5

Dach, das, "-er 47/4

dagegen 6/2

daher *(Daher glaube ich das nicht.)* 9/6

dahinter 15/2

damals 15/2

damit (1) *(Damit das nicht passiert, müssen wir sparen.)* 38/19

damit (2) *(Wasser? Damit sind die Deutschen sehr sparsam.)* 45/4

daran 71/15

darum (1) *(Es geht darum, wo du gestern warst.)* 45/4

darum (2) *(= deshalb)* 98/18

Datum, das, Daten 56/2

Dauerbrenner, der, – 102/7

dauernd 46/4

davor 50/5

dazupassen 43/3

Decke, die, -n *(Zimmerdecke)* 49/3

definieren 12/10

demokratisch 57/2

derselbe, dasselbe, dieselbe, -n 11/9

desto *siehe* **je** 94/11

deutlich 17/7

Dienstleistung, die, -en 77/10

Dienstleistungsbereich, der, -e 74

Dienstleistungssektor, der, -en 78/11

Diesel, der, – 54/18

diesmal 46/4

digital 105/13

Diktat, das, -e 74/1

Discografie, die, -n 26/4

Diskussion, die, -en 34/7

Dokument, das, -e 6/2

doppelklicken 100

dorthin 68/5

Dose, die, -n 40/23

downloaden (er loadet down, loadete down, hat downgeloadet) 100

dran sein, es ist dran, war dran, *ist* dran gewesen 54/16

drankommen, er kommt dran, kam dran, *ist* drangekommen 54/18

draußen 10/8

drehen (1) (sich + um + A.) 48/2

drehen (2) *(den Kopf drehen)* 115/5

Dreirad, das, "-er 90

dringend 18/8

Drucker, der, – 100

dual 78/11

durcheinander sein, er ist durcheinander, war durcheinander, *ist* durcheinander gewesen 39/21

durchhalten, er hält durch, hielt durch, hat durchgehalten 90/1

durchschnittlich 38/19

Dusche, die, -n 71/14

DVD, die, -s *(Abk. für: die Digital Versatile Disc, -s)* 100

e.V., der, – *(Abk. für: der eingetragene Verein, -e)* 82/17

Eben! 11/9

ebenfalls 72/17

egal 24/1

E-Gitarre, die, -n 111/2

Ehepaar, das, -e 10/8

eher 6/2

eigene *(das eigene Haus)* 6/2

Eile, die *Sg.* 72/17

einbauen 85/2

Einbrecher/Einbrecherin, der/die, –/-nen 63/16

einbringen, er bringt ein, brachte ein, hat eingebracht 110/2

eindeutig 75/3

einfach 43/2

eingehen (+ auf + A.), er geht ein, ging ein, *ist* eingegangen 110/1

eingetragen , *, * *(eingetragener Verein, Abk.: e.V.)* 82/17

Einheit, die, -en *(hier Sg.: die deutsche Einheit)* 72/17

einige 11/9

einigen 93/8

einleiten 44/4

Einleitungstext, der, -e 50/5

einmalig 54/16

einordnen 56/2

einrichten 72/17

einsam 50/5

einsaugen, er saugt ein, sog/saugte ein, hat eingesogen/eingesaugt 90/1

einsparen 40/22

einsteigen, er steigt ein, stieg ein, *ist* eingestiegen 115/5

eintippen 100

Eintritt, der, -e 70/13

einverstanden sein, er ist einverstanden, war einverstanden, *ist* einverstanden gewesen 53/9

Einwohner/Einwohnerin, der/die, –/-nen 44/4

Einzelhandelskaufmann/-kauffrau, der/die, -leute 75/2

Einzelprüfung, die, -en 86/4

einziehen, er zieht ein, zog ein, *ist* eingezogen 57/2

einzig *(Er sagte kein einziges Wort.)* 47/4

Eis, das *Sg.* 38/19

Eisenbahn, die, -en 90

Eisstadion, das, -stadien 30/18

Elektriker/Elektrikerin, der/die, –/-nen 77/8

elektrisch , *, * 44/4

Elektrogerät, das, -e 40/23

Elektroinstallateur/-installateurin, der/die, -e/-nen 75/2

elend 50/5

Emoticon, das, -s 108/21

Emotion, die, -en 26/5

Empfangsbüro, das, -s 82/17

empfehlen, er empfiehlt, empfahl, hat empfohlen 17/7

empören 84/1

Endung, die, -en 27/9

Energie, die, Energien 36/13

Energieverbrauch, der *Sg.* 44/4

Engagement, das, -s *meist Sg.* 40/24

Engelchen, das, – 104/12

enorm 72/17

entfernen 102/5

entscheiden, er entscheidet, entschied, hat entschieden 46/4

Entscheidung, die, -en 89/6

entspannen 24/1

entstehen, er entsteht, entstand, *ist* entstanden 6/2

entweder … oder 92/6

entwickeln (sich) 8/5

erarbeiten 14/2

Erdatmosphäre, die *Sg.* 38/19

Erde, die *Sg.* 16/5

Erdgeschoss, das, -e 47/4

Ereignis, das, -se 56/2

erfahren, er erfährt, erfuhr, hat erfahren 60/9

Erfahrung, die, -en 20/11

erfinden, er erfindet, erfand, hat erfunden 38/19

Erfindung, die, -en 16/5

Erfolg, der, -e 38/19

Erfolgserlebnis, das, -se 8/6

erforschen 14/2

erhalten, er erhält, erhielt, hat erhalten 15/2

erhöhen 15/2

Erklärung, die, -en 104/11

erleben 50/5

Erlebnis, das, -se 10/8

erlernen 6/2

erlösen 50/5

Ermäßigung, die, -en 70/13

erobern 59/8

eröffnen 74/2

erscheinen 111/2

erst 54/16

erstaunen 10/8

erwarten 14/2

Esperanto, das Sg. (eine Kunstsprache) 6/2

etc. (Abk. für: et cetera = und so weiter) 38/19

etwa 76/6

Europanto das Sg. (eine „Sprache") 6/2

existieren 57/2

Experiment, das, -e 16/4

Extrapunkt, der, -e 42/1

extrem 111/2

Fach, das, "-er 22/15

Fachangestellte, der/die, -n 75/2

fächerübergreifend 106/16

Fachgebiet, das, -e 15/2

Fachverkäufer/-verkäuferin, der/die, –/-nen 75/2

Fähigkeit, die, -en 82/17

Fahrprüfung, die, -en 93/10

Fahrschein, der, -e 97/17

Fakt/Faktum, der/das, Fakten 112/2

fallen, er fällt, fiel, ist gefallen 7/2

Fan, der, -s 29/14

Fassade, die, -n 48/1

Fehlzeit, die, -en 77/6

Ferienlager, das, – 25/2

fern 33/2

Ferne, die, -n 66

Fernsehsendung, die, -en 10/8

Fertigkeit, die, -en 80/14

fest 9/7

festlegen 112/2

Festplatte, die, -n 100

feststellen 48/2

fettig 72/17

fetzig 27/8

feucht 117/5

fiktiv 112/2

Filter, der, – 38/19

finanziell, *, * 15/2

flach 47/4

Fleisch, das Sg. 88/5

Flipper-Automat, der, -en 52/7

flüchten 58/4

Flughafen, der, "– 76/6

Flugzeug, das, -e 90

folgen (er ist gefolgt) 44/4

folgend, *, * 6/2

folglich 11/9

Folie, die, -n 101/3

Forderung, die, -en 39/21

formal 112/3

formulieren 9/7

Formulierung, die, -en 80/13

forschen 14

Forschungsprojekt, das, -e 17/7

Fragebogen, der, – 49/3

Frechheit, die, -en 85/2

Freiheit, die, -en 57/2

Freizeitgestaltung, die, -en 111/2

Freude, die, -n 98/18

Friseur/Friseurin, der/die, -e/-nen 75/2

führen (1) (jemanden aufs Glatteis führen) 35/10

führen (2) (ein ganz normales Leben führen) 51/5

führen (3) (jemanden an der Hand führen) 118/5

Führerschein, der, -e 82/17

Fundbüro, das, -s 70/13

Fundsache, die, -n 70/13

Funktion, die, -en 82/17

Gabel, die, -n 88/5

Gang, der, "-e (hier: die Gänge eines Menüs) 8/5

Gasinstallateur/-installateurin, der/die, -e/-nen 75/2

gebären, sie gebärt, gebar, hat geboren 61/11

Gebiet, das, -e (hier: Forschungs-gebiet) 15/2

Gebrauch, der, "-e meist Sg. 53/9

gebrauchen 108/19

Geburt, die, -en 15/2

Geburtstag, der, -e 13/12

Geburtstagsgeschenk, das, -e 12/11

Gedanke, der, -n 36/15

Geduld, die Sg. 102/8

Gefahr, die, -en 38/19

gefallen lassen (sich), er lässt gefallen, ließ gefallen, hat gefallen lassen 85/2

gefühllos 27/9

gefühlvoll 24/1

gegenseitig, *, * 9/7

gegenüber (+ D.) 97/16

Gegenwart, die Sg. 58/6

Gegner/Gegnerin, der/die, –/-nen 30/18

Geheimzahl, die, -en 100

gehen (+ um + A.), es geht, ging, ist gegangen 60/10

gehören (+ zu + D.) 9/6

Gehörschaden, der, "– 17/7

gelaunt , *, * (z.B. gut gelaunt) 21/11

Geldbeutel, der, – 71/14

Gelegenheit, die, -en 54/16

gelten, er gilt, galt, hat gegolten 40/22

gemeinsam 22/17

Generationendialog, der, -e 102/7

genügen 6/2

Gerät, das, -e 44/4

Geräusch, das, -e 17/7

gesamt, *, * 107/16

Gesamtlärmbelastung, die, -en 17/7

Gesangsunterricht, der Sg. 26/4

Geschäftsidee, die, -n 18/8

gesperrt 93/9

gestalten 111/2

Gesundheit, die Sg. 98/18

Getränk, das, -e 40/23

Gewitter, das, – 46/2

gewittrig 46/2

gießen, er gießt, goss, hat gegossen 81/16

Gift, das, -e 38/19

Gitarrist/Gitarristin, der/die, -en/-nen 27/8

Glashaus, das, "-er 27/6

Glatteis, das Sg. 35/10

gleich 28/11

gleichgültig 11/9

gleichmäßig 6/2

gleichzeitig 20/11

Gleis, das, -e 96/13

GmbH, die, – (Abk. für: die Gesellschaft, -en, mit beschränkter Haftung) 76/6

Gondel, die, -n 69/10

Grafik, die, -en 44/4

Grafiker/Grafikerin, der/die, –/-nen 9/7

gratulieren 68/6

Grenze, die, -n 57/2

Grillfest, das, -e 72/17

Großhandelskaufmann/-kauffrau, der/die, -leute 75/2

Großschreibung, die, -en 69/8

gründen 18/9

Gründer/Gründerin, der/die, –/-nen 15/2

Grundlage, die, -n 78/11

Grundschule, die, -n 82/17

gucken 48/2

günstig 49/3

Haftung, die, -en 76/6

Hälfte, die, -n 16/5

Hallenbad, das, "-er 113/4

Hallihallo! 113/4

halten, er hält, hielt, hat gehalten (1) (+ für + A.) 28/11

halten, (2) (eine Rede halten) 39/21

halten (3) (Händchen halten) 114/4

handeln (sich) (+ um + A.) 71/15

Handtasche, die, -n 106/16

Handtuch, das, "-er 81/16

Hardware, die, -s meist Sg. 100

hassen 49/3

Hauptfach, das, "-er 82/17

Hauptfigur, die, -en 119/9

Hauptschule, die, -en 80/14

Hausmann/-frau, der/die, "-er/-en 87/5

Haustier, das, -e 39/21

Hauswirtschaft, die Sg. 59/8

Haut, die, "-e 117/5

heben, er hebt, hob, hat gehoben 88/5

Hei! 113/4

Heihei! 113/4

Heil, das Sg. 59/9

heilen 51/5

Heilige, der/die, -n 72/17
heimlich 72/17
Heimweh, das Sg. 95/12
heiraten 59/8
hektisch 94/11
Helm, der, -e 91/1
herkommen, er kommt her, kam her,
   ist hergekommen 52/10
herstellen 111/2
herunterladen 100
Herz, das, -en 9/6
heulen 12/10
Hexerei, die, -en 102/8
Hey! 27/7
Hinfahrt, die, -en 96/13
hinsetzen 84/1
Hinweis, der, -e 79/12
Hip-Hop, der Sg. 112/2
Historiker/Historikerin, der/die, –/-nen
   64/20
historisch 58/4
Hitlerjugend, die Sg. (Abk.: HJ) 59/8
Hochwasser, das Sg. 37/18
Hoffen, das Sg. 98/18
Hoffnung, die, -en 117/5
höflich 12/10
Holz, das, "-er 36/13
Hörproblem, das, -e 18/9
Hörspielkassette, die, -n 111/2
Hotelfachmann/-fachfrau, der/die,
   -leute 75/2
Hotelkaufmann/-kauffrau, der/die,
   -leute 74
Hubschrauber, der, – 90
Humor, der Sg. 27/9
humorlos 27/9
humorvoll 27/9
hupen 98/18
husten 88/5
Hypothese, die, -n 10/8
ICE, der, – (Abk. für: der
   Intercityexpresszug, "-e) 97/16
individuell 6/2
Industriekaufmann/-kauffrau, der/die,
   -leute 75/2
Informationsbeschaffung, die, -en
   105/13
Inhalt, der, -e 69/8
Initiative, die, -n 40/24
Innenstadt, die, "-e 107/16
innere 117/5
installieren 100
inszenieren 89/7
intensiv 105/13
Intercityexpresszug, der, "-e
   (Abk.: der ICE, –) 97/16
Interesse, das, -n 76/6
Internetanschluss, der, "-e 105/14
Internetzugang, der, "-e 104/10
Interpretation, die, -en 48/1
interpretieren 48/1
inzwischen 28/11
irgendetwas 18/8
irgendjemand 27/7

Jahrhundert, das, -e 59/8
…jährig (z.B.: eine dreijährige/
   3-jährige Ausbildung) 74
Jammern, das Sg. 102/5
je (1) (Nenne je drei Begriffe.) 13/12
je (2) (mehr als je zuvor) 36/13
je … desto … 94/11
jedenfalls 116/5
jedoch 6/2
jemand 24/1
jeweilig 77/9
jeweils 20/11
Kabel, das, – 100
kämpfen 59/8
Kanu, das, -s 69/10
Kapitän, der, -e 90/1
Karikatur, die, -en 63/18
Karte, die, -n 12/10
Kartoffelsalat, der, -e 11/9
Karton, der, -s 94/11
Kasse, die, -n 118/5
Katalog, der, -e 48/2
Kaufhausfassade, die, -n 48/1
Kaufmann/-frau, der/die, -leute 75/2
Kaufsucht, die, "-e meist Sg. 50/5
kaum 51/5
Kenntnis, die, -se 78/11
Kette, die, -n (Halskette) 52/15
Keyboard, das, -s 102/5
Kfz, das, – (Abk. für: das Kraftfahr-
   zeug, -e) 75/2
Kfz-Mechaniker/-Mechanikerin,
   der/die, –/-nen 75/2
Kindergarten, der, "– 117/5
Kinderheim, das, -e 59/8
Kiosk, der, -e 87/5
kippen 91/1
kitschig 27/8
Klagen, das Sg. 102/5
Klammer, die, -n (hier: Satzzeichen)
   82/17
Klappern, das Sg. 91/1
klären 60/9
Klassenatmosphäre, die Sg. 9/7
Klassenbasar, der, -e 54/17
Klassenraum, der, "-e 40/23
Klassensprecher/-sprecherin, der/die,
   –/-nen 82/17
Klassik, die Sg. (Ihre Lieblingsmusik
   ist Klassik.) 9/7
klassisch (klassisches Arabisch) 8/5
klauen 53/11
kleben (Er klebte den Kaugummi unter
   den Stuhl.) 87/5
Kleingeld, das Sg. 96/14
Kleinschreibung, die, -en 69/8
klettern (er ist geklettert) 47/4
klicken 115/5
Klima, das, -s 37/18
klingen, er klingt, klang, hat geklungen
   11/9
klopfen 116/5
knapp 38/19
knüpfen 77/9

k.o. (Abk. für: knock-out) 12/11
Kohle, die, -n 36/13
Kohlendioxid, das Sg. (Abk.: CO_2)
   38/19
Kombi, der, -s (Kurzform für kombi-
   nierten Liefer- und Personenwagen)
   54/18
Kombination, die, -en 78/11
kombinieren 30/16
Kommentar, der, -e 27/7
kommentieren 60/10
Kommunikation, die, -en 6/2
Kompetenz, die, -en 82/17
Komponist/Komponistin, der/die,
   -en/-nen 68/7
Kompromiss, der, -e 68/5
Kontaktaufnahme, die, -n 110/1
Kontext, der, -e 6/2
Kontinent, der, -e 38/19
Kontra, das Sg. (das Pro und Kontra)
   92/7
konzentrieren 51/5
konzentriert 21/11
kooperativ 84/1
Kopf, der, "-e 47/4
kopieren 100
korrekt 69/8
Krach, der Sg. (Der Mixer macht
   Krach.) 17/7
Kraft, die, "-e 24/1
Kraftfahrzeug, das, -e
   (Abk.: das Kfz, –) 75/2
kräftig 107/16
Krankheit, die, -en 50/5
kratzen 17/7
Kreditkarte, die, -n 54/16
Kreide, die, -n meist Sg. 17/7
Krieg, der, -e 30/17
kriegen (= bekommen) 98/18
Kriterium, das, Kriterien 76/6
kritisch 105/13
Küchenherd, der, -e 74/2
Kunde/Kundin, der/die, -n/-nen 54/18
künstlich 38/19
Kunstwerk, das, -e 48/1
Kurfürst/-fürstin, der/die, -en/-nen
   94/11
Kurfürstendamm, der (Sg.) 94/11
Kurs, der, -e 58/4
kursiv 103/9
küssen 85/3
lächeln 81/15
Lackierer/Lackiererin, der/die, –/-nen
   75/2
Laden, der, "– 49/3
Landwirtschaft, die Sg. 59/8
LAN-Party, die, -s (LAN = Abk. für:
   Local Area Network) 100/2
Laptop, der, -s 100
Lärm, der Sg. 17/7
lassen, er lässt, ließ, hat lassen/
   gelassen 57/2
Lastkraftwagen/Lastwagen, der, –
   (Abk.: der Lkw, –) 94/11

spottbillig 54/16
Sprachkenntnisse *Pl.* 6/2
Sprichwort, das, "-er 27/6
Sprit, der *Sg. (= Benzin, Treibstoff)* 91/1
spritzen *(mit Wasser)* 119/10
staatlich 78/11
Staatsangehörigkeit, die, -en 82/17
Staatsform, die, -en 58/6
Stadtteil, der, -e 95/11
stammen *(+ aus + D.)* 48/2
Stand-by, das, -s 40/23
starten (er *ist* gestartet) 19/11
Station, die, -en *(hier: U-Bahn-Station etc., Haltestelle)* 91/1
statistisch 75/2
statt *(Flaschen statt Dosen)* 40/23
stattdessen 60/9
stecken 88/5
stehen *(+ für + A.)*, er steht, stand, hat gestanden 104/10
steigen, er steigt, stieg, *ist* gestiegen *(Tendenz steigend)* 38/19
Stelle, die, -n (1) *(an letzter Stelle stehen)* 44/4
Stelle, die, -n (2) *(Arbeitsstelle)* 77/7
stellen (sich + D.) 48/2
stellen (3) *(jemandem eine Aufgabe stellen)* 110/1
sterben, er stirbt, starb, *ist* gestorben 57/2
Steuer, das, – *meist Sg. (Kurzform für: das Steuerrad, "-er)* 91/1
Steward/Stewardess, der/die, -s/Stewardessen 91/2
Stichpunkt, der, -e 86/4
Stimme, die, -n 27/8
stinken, er stinkt, stank, hat gestunken 98/18
Stock, der, "-e 59/9
Stoff, der, -e *(Chemie)* 116/5
stolz 68/7
stören 17/7
Strecke, die, -n 116/5
Strom, der *Sg. (elektrischer Strom)* 40/22
strukturieren 69/7
Stück, das, -e *(Musikstück)* 27/8
stumm 46/4
stundenlang , *, * 49/3
Sturm, der, "-e 35/10
stürmen 46/2
stürmisch 46/2
Suchbefehl, der, -e 105/13
Suche, die *Sg.* 18/8
Suchmaschine, die, -n 104/10
super, *, * 30/18
Superangebot, das, -e 54/16
Suppe, die, -n 87/5
surfen (er *ist* gesurft) *(im Internet surfen)* 10/8
systematisch 58/6
täglich, *, * 20/11
tanken 91/1

Tankuhr, die, -en 91/1
Tastatur, die, -en 100
Tat, die, -en *(in der Tat)* 107/16
Tätigkeit, die, -en 74/1
Tatsache, die, -n 81/15
tatsächlich , *, * 88/5
Taucherausrüstung, die, -en 52/7
Team, das, -s 76/6
technisch 74
teilnehmen, er nimmt teil, nahm teil, hat teilgenommen 15/2
Teilnehmer/Teilnehmerin, der/die, –/-nen 15/2
Teilzeitschüler/-schülerin, der/die, –/-nen 78/11
Telefonzelle, die, -n 22/17
Temperatur, die, -en 34/8
Tempo, das, -s/Tempi 98/18
Tennisplatz, der, "-e 30/17
Teppich, der, -e 50/5
Testmodell, das, -e 93/10
Teufelchen, das, – 104/12
Textausschnitt, der, -e 90/1
Textlogik, die *Sg.* 69/8
Textverstehen, das *Sg.* 28/11
thematisch 69/7
theoretisch 78/11
Theorie, die, Theorien 93/9
These, die, -n 39/21
Tief, das, -s 27/7
Tiefflieger, der, – 59/8
Tierheim, das, -e 77/8
Tipp, der, -s 77/10
Tischler/Tischlerin, der/die, –/-nen 75/2
Titel, der, – 14/2
Tod, der, -e 72/17
tödlich 66
Tomatensoße, die, -n 70/13
Ton, der, "-e 12/10
Tonne, die, -n *(Abk.: t = 1000 kg)* 44/4
Topf, der, "-e 87/5
topfit 37/17
Topp! *(Topp, die Wette gilt!)* 40/22
Tor, das, -e 57/2
Totenstille, die *Sg.* 59/9
Tourismus, der *Sg.* 8/6
Tournee, die, -n 26/4
tragen, er trägt, trug, hat getragen 72/17
Training, das, -s 20/11
Traktor, der, Traktoren 90
Trampen, das *Sg.* 90/1
Transporter, der, – 94/11
trauen (sich) 102/5
Traum, der, "-e 52/12
Traumangebot, das, -e 54/16
trennbar , *, * 18/9
trennen 72/17
Treppe, die, -n 87/5
treten, er tritt, trat, *ist* getreten 46/4
Trockenheit, die *Sg.* 39/20
trotz *(+ G.)* 48/2

trotzdem 49/3
Turnschuh, der, -e 30/17
Tüte, die, -n 46/4
U-Bahn, die, -en 90
überlegen 7/2
Übernachtung, die, -en 86/4
übernehmen, er übernimmt, übernahm, hat übernommen 82/17
überprüfen 28/11
überraschen 17/6
Überschwemmung, die, -en 37/18
übersetzen 6/2
überzeugen 54/17
übrig sein, er ist übrig, war übrig, *ist* übrig gewesen 20/11
übrigens 15/2
Übung, die, -en 103/9
Umkleidekabine, die, -n 113/4
Umleitung, die, -en 93/9
Umschreibung, die, -en 21/11
umso 72/17
umtauschen 54/16
Umwelt, die *Sg.* 15/2
Umweltvertrag, der, "-e 40/24
umziehen (sich) er zieht sich um, zog sich um, hat sich umgezogen 119/10
Umzug, der, "-e 94/11
unangenehm 102/8
unentschuldigt 77/6
ungefähr 19/11
Union, die, -en 6/2
unmöglich 11/9
unselbständig 105/14
Untergrund, der *Sg.* 91/1
Unternehmen, das, – 76/6
unterschiedlich 6/2
unterschreiben, er unterschreibt, unterschrieb, hat unterschrieben 10/8
unterstreichen, er unterstreicht, unterstrich, hat unterstrichen 16/5
untersuchen 17/7
Unverschämtheit, die, -en 85/2
uralt, *, * 37/17
Variante, die, -n 8/5
vegetarisch 9/7
verachten 72/17
verantwortlich 38/19
verärgern 12/10
verbessern 18/8
verbieten, er verbietet, verbot, hat verboten 57/2
verbinden, er verbindet, verband, hat verbunden 119/11
Verbindung, die, -en *(Verbindungen zwischen Aussagen knüpfen)* 111/2
Verbot, das, -e 101/2
Verbrauch, der *Sg.* 44/4
verbrauchen 36/13
verbringen, er verbringt, verbrachte, hat verbracht *(schlaflose Nächte verbringen)* 51/5
Verfolgung, die, -en 59/8

W

Verhältnis, das, -se 51/5
Verkäufer/Verkäuferin, der/die, –/-nen 46/4
Verkehrsmittel, das, – 90/1
verlassen, er verlässt, verließ, hat verlassen 57/2
verlaufen, er verläuft, verlief, ist verlaufen (Wie ist die Geschichte verlaufen?) 89/7
Verlust, der, -e 101/2
vermeiden, er vermeidet, vermied, hat vermieden 17/7
verneinen 84/1
Vernichtungslager, das, – 59/8
verreisen 68/5
versäumen 98/18
verschmitzt 113/4
Versicherung, die, -en (Versicherungs-gesellschaft) 63/16
Versorgung, die Sg. 18/8
verspätet 99/2
Verspätung, die, -en 97/16
verspeisen 72/17
Verständigung, die, -en meist Sg. 6/2
verständlich 104/10
verstärken 85/2
Versuch, der, -e 20/11
Vertrag, der, "-e 40/24
Verwaltung, die, -en 6/2
Verwendung, die, -en 6/2
Verzeihung, die Sg. 84/1
Virenschutzprogramm, das, -e 104/10
virtuell 63/18
Virus, der/das, Viren 100
Vision, die, -en 52/12
voneinander 110/1
Voraussetzung, die, -en 77/8
vorbei sein, er ist vorbei, war vorbei, ist vorbei gewesen 59/8
Vorbereitung, die, -en 86/4
Vorbereitungsphase, die, -n 110/1
Vorgabe, die, -n 110/1
vorgeben, er gibt vor, gab vor, hat vorgegeben 110/1
Vorgesetztenrolle, die, -n 102/7
vorhaben 28/11
Vorhang, der, "-e 26/4
vorher 12/10
vorkommen, er kommt vor, kam vor, ist vorgekommen 107/16
Vorlage, die, -n 111/2
Vorurteil, das, -e 66
wachsen, er wächst, wuchs, ist gewachsen 117/5
Waggon, der, -s 91/1
Wahl, die, -en 77/9
Wahrheit, die, -en 26/4
wahrscheinlich 28/11
Waldbrand, der, "-e 37/18
wandern (er ist gewandert) 22/17
Warteraum, der, "-e 72/18
Wäsche, die Sg. 22/17
Waschmaschine, die, -n 22/17

Wasserinstallateur/-installateurin, der/die, -e/-nen 75/2
Wasserverbrauch, der Sg. 45/4
Wasserverschmutzung, die, -en 37/18
Website, die, -s 100
wecken (Interesse wecken) 15/2
weder ... noch 117/5
wegwerfen, er wirft weg, warf weg, hat weggeworfen 22/16
wegwollen, er will weg, wollte weg, hat weggewollt 95/12
wehen 46/2
Wehrmachtsbericht, der, -e 59/9
Weibliche, das Sg. 48/2
Weißwurst, die, "-e 72/17
weit 9/6
weiter 38/19
weiterarbeiten 119/11
weitergeben, er gibt weiter, gab weiter, hat weitergegeben 27/7
Weitermachen, das Sg. 89/7
weiterschreiben, er schreibt weiter, schrieb weiter, hat weitergeschrie-ben 119/11
weiterwissen, er weiß weiter, wusste weiter, hat weitergewusst 110/1
wenig 8/5
wenigstens 88/5
Werbeagentur, die, -en 9/7
Werbung, die, -en meist Sg. 51/6
Werkstatt, die, "-en 74/1
Wert (1), der, -e (hier: Messwert) 38/19
Wert (2), der, -e (hier Sg.: auf etwas Wert legen) 76/6
wert, mehr wert, am meisten wert 108/18
Wettbewerb, der, -e 14/1
Wette, die, -n 40/22
wetten 40/22
Wetterbericht, der, -e 34/8
wiedergeben, er gibt wieder, gab wieder, hat wiedergegeben 65/1
Wind, der, -e 32
winken 98/18
Wirkung, die, -en 85/2
Wofür? 71/14
Wolke, die, -n 41/2
Womit? 28/13
Woran? 71/14
Worauf? 71/14
World Wide Web, das Sg. (Abk.: WWW) 100
Worüber? 15/2
Worum? 79/12
Wozu? 10/8
wunderbar 24/1
Würfel, der, – 42/1
würfeln 42/1
wurst (Das ist mir wurst = egal!) 72/17
Wurst-Hitparade, die, -n 72/17
WWW, das Sg. (Abk. für: das World Wide Web, Sg.) 100

zahlen 46/4
zahnmedizinisch , *, * 75/2
Zauberei, die, -en 103/9
Zaubertrick, der, -s 102/8
Zebrastreifen, der, – 93/9
Zeiger, der, – (= der Cursor, -s) 100
Zeitleiste, die, -n 56/2
zelten 53/8
zentral 73/2
zerlegen 104/10
zerstören 57/2
Zeug, das, Sg. 51/5
Zeugnis, das, -se 76/6
ziehen, er zieht, zog, ist gezogen 57/2
Zimmertemperatur, die, -en 40/23
Zitat, das, -e 48/2
zögern 84/1
Zone, die, -n 57/2
zufällig 47/4
zufrieden geben (sich), er gibt zufrie-den, gab zufrieden, hat zufrieden gegeben 72/17
zugeben, er gibt zu, gab zu, hat zugegeben 11/9
Zukunft, die Sg. 35/12
Zukunftsprognose, die, -n 36/14
zunehmen, er nimmt zu, nahm zu, hat zugenommen (Die Niederschläge nehmen zu.) 38/19
zurückholen 59/8
zurückkehren (er ist zurückgekehrt) 38/19
zurücklegen (= reservieren) 54/16
zurückwollen, er will zurück, wollte zurück, hat zurückgewollt 95/12
zurückzahlen 51/5
zurzeit 25/3
Zusammenfassung, die, -en 76/6
zusätzlich , *, * 82/17
zustimmen 49/3
Zustimmung, die, -en 36/15
zuwenden (sich + D.), er wendet zu, wendete/wandte zu, hat zugewen-det/zugewandt 110/1
zwanglos 110/1
Zweck, der, -e 19/10
Zweifel, der, – 38/19
zweifeln 26/4
zwingen, er zwingt, zwang, hat gezwungen 116/5
Zwischenüberschrift, die, -en 103/9

143

Quellen

AKG images GmbH, Archiv für Kunst und Geschichte, Berlin: S. 32–33: Fotos der Gemälde von Claude Monet (Felder im Frühling), Guglielmo Ciardi (Sommer), Hans Am Ende (Herbst im Moor) und Peter Brueghel d. Ä. (Heimkehr der Jäger); S. 56, Foto 1: Reichstag 1945; S. 59: HJ–Soldat; S. 64: Foto 3 · **Archiv der sozialen Demokratie der Friedrich–Ebert–Stiftung**: S. 64: Foto 6 · **ARD–Werbung SALES & SERVICES GmbH**: S. 111: Grafik „Mediennutzung Jugendlicher" aus: Sabine Feierabend, Walter Klingler: *Jugend, Information, (Multi–) Media 2000. Aktuelle Ergebnisse der JIM–Studie zum Medienumgang 12– bis 19–Jähriger*, in: Media Perspektiven 11/2000, S. 519 · **Michael Augustin**: S. 107 ff.: Erzählung „Die Handtasche" aus: *Anundfürsich. Vermischte Bagatellen*, Edition Temmen, Bremen 1997, S. 17 – mit freundlicher Genehmigung des Autors. · **Austro Control**, Österreichische Gesellschaft für zivile Luftfahrt, Wien: S. 34: Wetterkarte B – mit freundlicher Genehmigung · **Heinrich Bauer Smaragd KG**, München: S. 50: Text „Maria, 18: ‚Ich bin shoppingsüchtig' aus: *Bravo Girl* vom 24.9.2003 – mit freundlicher Genehmigung · **Berufsschule Ostallgäu**: S. 78: Ausschnitt aus Web-Seite – mit freundlicher Genehmigung. · **Björn Beyer**: S. 37: Foto Hochwasser · **Bundesbildstelle Berlin**: S. 56–57: Foto Reichstag innen von Andrea Bienert,(c) Bundesbildstelle Berlin · **Dr. Hans Biermann**: S. 95: Stadtplanausschnitt Berlin – mit freundlicher Genehmigung. · **Lorenz Brandl**: S. 82: Foto Nadine Winter · **Caritasverband für den Kreis Gütersloh**: S. 102: Foto – mit freundlicher Genehmigung · **Federica de Cesco**: S. 87 ff.: Erzählung „Spaghetti für zwei", Text bearbeitet in Absprache und mit freundlicher Genehmigung der Autorin · **Cinetext Bild– und Textarchiv**, Frankfurt: S. 66–67: Foto 1 (Moderne Zeiten). · **COmarketing GmbH**, Diedorf: S. 93: Foto Motorroller „Liberty 50"– mit freundlicher Genehmigung · **Marlies Coprian**: S. 65: Foto 2 · **Vanessa Daly**: S. 28: Foto; S. 32: Foto Mann mit Hut; S. 35; Foto, S. 37: Foto Smog; S. 43: Foto unten; und 107 (Mädchen), S. 74: Foto 1 und 6; S. 96–97: 3 Fotos; S. 107: Foto; S. 111 Fotos Markus und Katharina, S. 114: 2 Fotos. · **dpa Picture Alliance GmbH**, Frankfurt: S. 24: Foto 1 · **Edition Antenna Musik / Edition Jah Sound System / Universal Music Publishing GmbH**: S. 25: Foto 6 und S. 26: Moses P. Pehlham (Liedtext) „In Liebe" · **Elektromuseum Erfurt**: S. 74: Foto 3 · **Hans-Curt Fleming**: S. 32 „Winterliebesgedicht" (c) rotation, Mehringdammstr. 53, · **Flughafen Hamburg GmbH**: S. 74: Foto 4 – mit freundlicher Genehmigung · **Roswitha Fröhlich**: S. 52: Gedicht „Wenn ich eine Million gewönne" – mit freundlicher Genehmigung der Autorin · **Hermann Funk**: S. 59: Fotos oben und Mitte (BDM und Landwirtschaft); S. 60: Foto; S. 74: Foto 2 · **Globus Infografik GmbH**, Hamburg: Schaubilder auf S. 44–45, S. 75 · **Martin Guhl**: Illustrationen auf S. 7, 8, 11, 13, 19, 30, 39, 42, 52, 53, 61, 62, 63, 108 · **Hans A. Halbey**: Text „Urlaubsfahrt" – mit freundlicher Genehmigung von Horst Halbey · **IFA–Bilderteam GmbH**: S. 66: Foto 4 · **Galeria Kaufhof Kassel**: S. 48–49: Foto Kaufhof–Fassade – mit freundlicher Genehmigung · **Michael Koenig**: S. 6–7: Fotos 1, 2, 5, 6, 7; S. 10: Fotos oben (Arthur und Jaqueline) und Foto zu 8c; S. 12: Foto; S. 16 Foto/Plakat „Tag der Erde"; S. 20: Foto Anne, S. 21: 3 Fotos; S. 22: Foto; S. 29: alle Fotos; S. 37: Foto „Dürre"; S. 42: Foto; S. 43 Foto oben; S. 50: Foto Schaufenster; S. 67: Foto Lernplakat; S. 85: Foto Tafel; S. 87: Foto, S. 89: Foto, S. 90: Foto Verkehrsmittel. · **Ute Koithan**: S. 9: Foto; S. 10: Marco; S. 25: Foto 4 · **Konrad–Adenauer–Stiftung e.V.**, Sankt Augustin: S. 64: Foto 2 · **Jonas Torsten Krüger**: S. 33: Gedicht „Sommer" – mit freundlicher Genehmigung des Autors · **Dirk Krüll**, panama Fotoproduktion, Düsseldorf: S. 74, Foto 4 · **Lappan Verlags– und Beteiligungsges.mbh**, Oldenburg: S. 32: Heinz Erhardt: Gedicht „Der Herbst" · **Christiane Lemcke**: S. 56: Foto 3 · **Marienschule Münster**: S. 104: „Schule und Internet" aus einem Projekt des Informatikkurses der Jahrgangsstufe 11 der Marienschule · **Meteo SF DRS**: S. 34: Wetterkarte A – mit freundlicher Genehmigung · **Minerva Schulen Basel**: S. 106: Fotogeschichte zur Erzählung „Die Handtasche" – mit freundlicher Genehmigung · **Helmut Müller**: S. 11, Text A, aus Helmut Müller, *Der eine und der andere*, © Ernst Klett Sprachen GmbH, Klett Edition Deutsch, Stuttgart 1975 · **Helmut Müller**: S. 11, Text B, aus: Helmut Müller. *Deutsch mit Phantasie*, Max Hueber Verlag, München 1984. **Österreichisches Sprachen-Kompetenz–Zentrum**: S. 7: Witz auf Europanto „Toto et sa little sorella" aus: Angela Feichtinger und Markus Kerschbaumer: *KINDER ENTDECKEN SPRACHEN*. Europanto.ske Impulse 3.2. Graz: ÖSZ, 2002 · **Bild-Archiv OKAPIA KG**: S. 37: Fotos „Waldbrand" und „Wasserverschmutzung" · **M. Pluszcek**: S. 76: Fotos 1, 3, 4 · **Polyglott Verlag**, München: S. 56: Karte geteiltes Deutschland · **Josef Reding**: "Neben dem blauen Seepferdchen", gekürzte Fassung; Copyright by Josef Reding, Dortmund · **Lutz Rohrmann**: S. 7: Foto 8; S. 17: Foto; S. 24: Foto 3; S. 25: Foto 5; S. 32: Foto Skilift; S. 33: Foto Hängematte; S. 36: Foto; S. 56: Foto 2, S. 57: Foto „Zeitleiste", S. 64: Fotos 1, 4, 7, 8; S. 69: Foto; S. 76: Foto Gepäckabfertigung, S. 91 (Verkehrssymbole), S. 92: 2 Fotos, S. 93: Fotos Verkehrsschilder); S. 105: Foto; S. 113: 2 Fotos, S. 128: Foto · **Eugen Roth**: S. 98: „Die Zugverspätung" – mit freundlicher Genehmigung von Dr. Thomas Roth · **Rowohlt–Verlag**: S. 46–47: Text „Herr Meier spart" aus Johannes Merkel, *Ich kann euch was erzählen*, Copyright (c) 1981 by Rowohlt Taschenbuch Verlag GmbH, Reinbek bei Hamburg; S. 66: Text: Kurt Tucholsky aus: *Gesamtausgabe 1960*, Rowohlt Verlag, Reinbek · **Theo Scherling**: Illustrationen auf S. 46, 47, 54, 70, 71, 81, 84, 85, 87, 109 · **Oliver Sperk**: S. 19: Texte (bearbeitet) „Vokabeln in die Birne hauen" und S. 20 „7000 Vokabeln im Schülerleben! – wie werden sie effektiv gelernt?" · **Stiftung Jugend forscht e.V.**: S. 14: 2 Plakate; S. 15 Text „Die Geburt einer Idee ..." und Plakat, S. 17 Text „Viel Lärm um die Ohren ..." – mit freundlicher Genehmigung · **Ingo Strotta**, Sportfotografie, Fuldabrück: S. 24: Foto 2 · **A. Terglane**: S. 105: Illustration zu Aufgabe 15 · **Tilda**: S. 102: Gedicht "Computer" aus www.Tildas–Träume.de – mit freundlicher Genehmigung der Autorin · **Werner Toporski**: S. 103: Text über Projekt der Gebhard–Müller–Schule, Biberach, zur Förderung des Generationendialogs – mit freundlicher Genehmigung des Autors · **Ullstein Bild**, Berlin: S. 59, Foto unten: zerstörte Stadt · **Volkswagen AG**: S. 64: Foto 4 – mit freundlicher Genehmigung der Volkswagen AG, Konzernkommunikation, Historische Kommunikation, Wolfsburg · **A. Weißling**: S. 81: Foto · **S. Williges**: S. 66, Foto 3; S. 67 Fotos 5 u. 7; S. 70: Foto, S. 94: Foto, S. 119: Foto

In einigen Fällen ist es uns trotz intensiver Bemühungen nicht gelungen, die Rechteinhaber von Texten und Abbildungen zu ermitteln. Für entsprechende Hinweise wären wir dankbar.